DELIUS KLASING

LAURA PATTARA

POCKETGUIDE FÜR GLOBETROTTER

DELIUS KLASING VERLAG

INHALT

VORWORT
VON CHRISTOPHER MANY

The End. Es geschieht nicht sehr häufig, dass eine Geschichte mit diesen beiden Worten beginnt. Doch so fühlte ich mich an einem besonderen Tag vor 16 Jahren, als ich mich auf meiner Jungfernfahrt um die Welt befand.

Ich wollte mein Reiseleben in eine Kiste packen, diese versiegeln und ein großes Schild mit der Aufschrift »Erinnerungen« daran befestigen. Und dann wollte ich sie an einem Ort verstecken, wo ich nie wieder danach suchen würde. Zwei Jahre waren damals vergangen, seit ich Deutschland verlassen hatte, nur mit einem Motorrad und einer Hommage an den Freiheitstraum im Herzen, so leidenschaftlich wie Martin Luther Kings »I have a dream«. Ursprünglich hatte ich die Reise bis nach Australien fortsetzen wollen, doch zur Halbzeit – ich war erst in Indien – kam mein persönlicher »March for Freedom« zum Stillstand. Und das lag nicht an einem kaputten Motorrad, gesundheitlichen Problemen oder finanziellen Schwierigkeiten, sondern war viel schlimmer. Indien hatte meine lang gehegte Reisetraumblase erfolgreich zum Platzen gebracht und sie in die Vergangenheit transformiert. Nun hieß es: »I had a dream.«

Es wird sicher jeder nachvollziehen können, warum ich alles hinschmeißen wollte. Selbst wenn ich damals nicht ununterbrochen unter Delhi Belly, der typischen Magen-

Darm-Erkrankung der Indienreisenden, gelitten hätte, kein Elefant der Welt hätte mich mehr aus dem Hostelzimmer herausholen können. Da draußen auf den Straßen waren **Inder,** eine Milliarde von ihnen, mit ihren wackelnden Köpfen und dieser Obsession, immer und überall Fremde beobachten zu müssen. Von meinem Bett aus konnte ich sie unentwegt an mein Fenster klopfen hören, obwohl mein Zimmer im ersten Stock lag. Sie wollten mich dazu bringen, die Vorhänge zurückzuziehen. Das hab ich getan … ein einziges Mal. Und zwar um zwei Uhr in der Früh. Zu meiner Überraschung starrten mich mindestens ein Dutzend Augenpaare hinter der Fensterscheibe an, während sich doppelt so viele Hände an das Fenstergitter klammerten.

Es gab keine Atempause, kein Entkommen. Als ich am Morgen durch die Straßen gestreift war, um ein bisschen frische Luft zu schnappen, die es in dieser übervölkerten Stadt ohnehin nicht gab, waren mir Einheimische jeden Alters wie Schatten gefolgt. Ich war ein öffentliches Spektakel, egal wohin ich ging. Ob in ein Restaurant, um Dal Bhat zu löffeln, in einen Telefonladen, um von dort meine Familie anzurufen – noch nicht mal auf dem angeblich so stillen Örtchen konnte ich einen Moment der Ruhe finden. Die Leute standen doch tatsächlich vor dem türlosen Kloverschlag und beobachteten mich dabei, wie ich mich erleichterte! Doch warten Sie … Ich hatte nicht nur mit dieser Art des Touristenmobbings zu kämpfen. Noch innerhalb der ersten Woche nach meiner Ankunft bekam ich es mit Bettwanzen, unsäglicher Hitze und Menschen zu tun, die ihren Darm auf meinem Vorderrad entleerten. Ich wurde von den neusten Bollywood-Songs gequält, vom Monsunregen durchnässt, von Bettlern, die sich an meine Füße klammerten, in den Wahnsinn getrieben und vom immerwährenden Gestank des Mülls, der

Kloaken und der Abgase regelrecht überwältigt. Ich erlebte Beinahezusammenstöße mit heiligen Kühen und bekam ein Baby vors Motorrad geschmissen, dessen Mutter auf Schadenersatz hoffte und keinen anderen Ausweg aus ihrer bitteren Armut sah. Hätte ich als Ausländer das Kind getötet, hätte ich der Familie als Strafe viele Hunderttausend Rupien zahlen müssen, womit die Ernährung der anderen zwölf Kinder für viele Jahre gesichert gewesen wäre.

Warum hatte mich niemand auf so etwas vorbereitet? Gehörte das wirklich zum Langzeitreisen? Auf was, um Himmels willen, hatte ich mich da eingelassen? War es das, was ich wollte? Nein, ich hatte mich nicht um diese Erfahrungen gerissen. Als ich Deutschland verlassen hatte, mag ich zwar noch jung gewesen sein, aber nicht **so** naiv zu glauben, dass jeder Moment dieser Reise pure Freude sein würde. Doch dieser Tag war zu viel. Für einen Moment war ich davon überzeugt, dass ich genügend gereist sei und ausreichend erlebt hatte. Die Vorstellung vom Zurückziehen in eine idyllische, saubere bayerische Kleinstadt, von einem Schnitzel auf meinem Teller und einem frischen Bier in der Hand war mir noch nie im Leben so verlockend erschienen.

Es dauerte eine Weile, bis ich es schätzen lernte, doch die Welt da draußen – mit all ihrer Dynamik, Unvorhersehbarkeit, Vielfalt, ihren Gegensätzen und Herausforderungen – ist viel wundervoller als irgendetwas, das ich mir in Gedanken ausmalen könnte. Wenn Sie wissen, wo Sie suchen müssen, und Ihr Atem lang genug ist, dann werden selbst Ihre buntesten Träume im Vergleich mit der Realität wie vergilbte Fotografien wirken.

Die Wahrheit aber ist: Ich hatte in Wirklichkeit noch gar nichts erlebt.

Meine Krise überfiel mich 1998, also vor langer Zeit, als ich noch nicht so viele Falten hatte und ein Neuling in der Reiseszene war. Ich habe meinen ersten Kulturschock irgendwie überlebt und setzte meine Soloreise anschließend Richtung Australien und weiter fort. Es mag angesichts der zuvor erzählten Geschichte vielleicht unwahrscheinlich klingen, doch tatsächlich verbrachte ich noch viele Monate in Indien, aus Gründen, die ich nicht einmal selbst wirklich verstand. Heute zählt das Land zu den Top Ten meiner Lieblingsreiseziele. Ich kann es nur wärmstens empfehlen, auch wenn ich Ihnen dringend von der Buchung eines Hotelzimmers abraten würde, das unterhalb der zweiten Etage liegt. Neugierige Einheimische sind in einigen Gegenden immer noch dafür bekannt, an Fassaden hinaufzuklettern, um Touristen bei jeder sich bietenden Gelegenheit anzuglotzen.

Offensichtlich hatte ich etwas gefunden, was an die Stelle meiner geplatzten Traumblase treten konnte. So bin ich 16 Jahre später immer noch unterwegs und liebe fast jede Minute meiner Reise. Ich habe nicht die Absicht, die Zündung in naher Zukunft auszuschalten und meinen Motor zum Erliegen zu bringen. Ich bin ein dauerhafter Nomade.

Was war es also, das ich auf meinen Reisen entdeckt habe, das auch die Härten lohnenswert macht? Da fallen mir spontan zwei Gründe ein. Zum einen habe ich gelernt, mit etwas umzugehen, was man gemeinhin Reise-Burn-out nennt. Dabei bin ich durch die harte, anstrengende Schule der Selbsterfahrung gegangen. Hätte mich jemand vorgewarnt und mir von den tiefen emotionalen Tälern des Langzeitreisens erzählt, dann wären viele Monate meiner Reise erträglicher gewesen. Der zweite Grund ist Laura, meine große Liebe, die ich 2008 in Malawi in Afrika kennengelernt habe.

Ich wünschte, Laura wäre damals in Indien bei mir gewesen, als ich noch allein reiste, um mich durch den Übergang vom Traum zur Realität zu führen und meine inneren Dämonen des Zweifels wie lästige Fliegen zu verscheuchen. Mit ihrer Hilfe wäre es so viel einfacher gewesen, diese Kiste mit meinen Erinnerungen wieder auszupacken und die schlechten Erfahrungen als das anzusehen, was sie wirklich sind: eine Möglichkeit, vergangene Anstrengungen richtig einzuordnen, widerstandsfähiger für Kommendes zu werden und sie als Tiefen anzusehen, die uns die Höhen des Lebens erst so richtig erkennen und wertschätzen lassen. Und diese überwiegen hoffentlich in jedem Leben, nicht nur in dem von Reisenden.

Ich sage das alles nicht, weil ich Laura liebe. Sie ist während unserer gemeinsamen Reisen viel mehr als mein emotionaler Anker. Sie hat eine erstaunliche Fähigkeit, Probleme, die sich unterwegs ergeben und unser Glücklichsein beeinträchtigen könnten, zu erkennen und zu lösen. Vor unserer ersten Begegnung hatte sie mehrere Jahre als Reiseleiterin bei kommerziellen Overlandtouren in Afrika und Südamerika gearbeitet. Wenn Sie sich dazu entscheiden, auf unbestimmte Zeit in die Welt hinauszuziehen, dann ist eine erfahrene Reiseführerin genau das, was Sie zum Ebnen des Wegs brauchen. Sie sagt Ihnen, was auf dem Reiseplan steht, und versorgt Sie mit praktischen Informationen, damit Sie entsprechend packen und sich vorbereiten können.

Ich lasse Laura nicht wieder los. Eher trenne ich mich von einem Stück meiner heiß geliebten Schokolade … und Sie haben gar keine Ahnung, wie schwer mir das fallen würde. Wenn ich Ihnen also etwas von Laura überlassen soll, dann ist das Beste, was mir einfällt, ihr Buch. Ich hoffe, Sie finden ihre Einblicke, Erfahrungen und Ratschläge so nützlich wie ich. Jeder braucht einen Reisekameraden, der einen unterstützt und versteht. Dieses Buch kann hoffentlich Ihrer sein.

Reisen Sie lange und in Frieden! Oder – so würde es der Land-Rover-Enthusiast formulieren: »Alles Gute und immer eine Handbreit Sprit im Tank!«

Christopher Many, Lebensgefährte von Laura Pattara, Vagabund und Autor von *Hinter dem Horizont links – Acht Jahre mit dem Land Rover um die Welt*

IN REISENDER MISSION

Reisen ist ein Gegenmittel für viele Übel. Es heilt Ignoranz und Bigotterie. Gleichzeitig schult es das Einfühlungsvermögen, die Achtsamkeit gegenüber fremden Kulturen und die Toleranz. Daher möchte ich Menschen inspirieren, die vom Reisen träumen. Denn wenn mehr Menschen das wahre Gesicht der Welt kennenlernen, dann wird sie ein freundlicherer und schönerer Platz für uns alle werden.

Reisende bekommen täglich unerwartet Hilfe von Fremden, Gefälligkeiten, für die man sich nur sehr selten revanchieren kann. Zumeist wird das auch gar nicht erwartet. Eine gute Tat ist ein Geschenk, kein Darlehen. Schulden zahlt man zurück, Freundlichkeiten jedoch »zahlt man vorwärts«. Ob gute Tat, wertvoller Rat oder einfach Inspiration – wenn Ihnen auf Ihrer Reise ein Geschenk gemacht wird …

… dann reichen Sie den Stab bitte weiter.

AN MEINE VAGABUNDENKAMERADEN

Reisen beginnen in den seltensten Fällen als Suche nach Antworten oder als Versuch, die Welt zu verstehen und eigene Vorurteile abzubauen, doch irgendwie enden sie immer damit. Manche Menschen glauben, dass Reisen den Geist erweitern. Doch das stimmt nicht. Reisen lassen den Geist **explodieren!** Sie bringen so manche Traumblase zum Platzen, erschüttern Anschauungen, verändern Träume und lehren fürs Leben. Reisen kann frustrierend und herzzerreißend sein, manchmal sogar eine unglaubliche Leere auslösen, doch es ist immer bereichernd. Es ist immer wertvoll.

Reisen macht Spaß!

Nach einer Weile hört man auf, alles blindlings zu glauben. Man redet weniger und hört besser zu, schaut weniger an, sondern beobachtet mehr. Man hält nichts mehr für selbstverständlich, setzt nichts mehr voraus und bleibt offen für alles und jeden. Es ist egal, wie alt Sie sind, wenn Sie das erste Mal aufbrechen, um die Welt zu erforschen: Sie werden immer als unbeschriebenes Blatt Papier losziehen und erleben, wie die neuen Erfahrungen permanente Spuren auf Ihrer Seele hinterlassen.

Doch Reisen ist nicht alles. Es ist nicht das A und O und auch ganz sicher nicht der einzige Weg, ein intensives, erfüllendes und sinnvolles Leben zu führen. Das kann man überall, zu jeder Zeit und im Rahmen aller möglichen Aktivitäten haben. Wie auch beim Reisen ist die Lebensfreude einzig und allein von der Lebenseinstellung abhängig. Wenn Sie mit Ihrem Leben glücklich sind, mit Ihren Vorhaben, Aufgaben und Leistungen, dann sind Sie bereits erfolgreich. Nicht jeder, der ein beständiges, etabliertes Leben inmitten der Gesellschaft führt, muss deswegen auch zur Geisel des sich endlos drehenden Hamsterrads werden. Die meisten Menschen sind meiner Ansicht nach absolut zufrieden mit ihrem Dasein und würden nicht das kleinste bisschen ändern wollen.

Doch dann sind da noch diejenigen, die sich nach etwas anderem sehnen. Und ich sage ganz absichtlich »nach etwas anderem« und nicht »nach etwas Besserem«. Das ist ein großer Unterschied, und ich würde mich freuen, wenn jeder, der mit dem Gedanken spielt, seine Zelte abzubrechen und auf Weltreise zu gehen, dies im Hinterkopf behält und auch tatsächlich glaubt. Sollten Sie mit der Auffassung auf Reisen gehen, dass Sie irgendwie besser, schlauer und abenteuerlicher sind als alle anderen, dann liegen Sie mit dieser arroganten Haltung völlig daneben. In Wahrheit machen Sie auch einfach nur das, wonach Sie sich am meisten sehnen – wie alle anderen auch.

Langzeitreisen sind für die, die das Reisen aufrichtig und unbedingt lieben. Für sie ist es eine leidenschaftliche Lebensmission. Und sie sind es, denen ich dieses Buch widme.

Das Leben wird so unberechenbar wie nie zuvor, sobald man die Annehmlichkeiten seines Zuhauses verlässt. Aber genau das ist möglicherweise der liebenswerteste Aspekt des gewählten Lebensstils. Vielleicht hilft es Ihnen aber, wenn

Sie schon vorab wissen, was emotional und physisch auf Sie zukommen kann und welche Fehler vermeidbar sind. Wenn ich Ihnen unterwegs beistehen, Sie inspirieren und trösten kann, dann erfüllt dieses Buch seinen ureigensten Zweck.

Eine Freundin hat einmal zu mir gesagt, dass sie zutiefst versucht wäre, ihre Koffer zu packen und loszureisen, wenn sie nur meinen Mut hätte. Ich habe ihr geantwortet: »Die einzige Voraussetzung für diese Art des Reisens, meine Liebe, ist nicht Mut, sondern endlose Neugier, ein guter Sinn für Humor und – ausgeprägter Wahnsinn.«

In diesem Sinne, genießen Sie unseren gemeinsamen Trip.

EINE ENTSCHEIDUNG TREFFEN, DIE DAS LEBEN VERÄNDERT

> »Eine Reise von tausend Meilen beginnt
> mit dem ersten Schritt.«
> *Laotse*

Warum überhaupt reisen?

Im Sommer 2004 war ich nach einhelliger Meinung gerade auf dem besten Weg, »etwas aus mir zu machen«. Eben 30 Jahre alt geworden, hatte ich meinen Universitätsabschluss in der Tasche, einen tollen Job und besaß ein Apartment in der Innenstadt von Sydney. In den Augen vieler Leute führte ich ein ideales Leben. Nur ich selbst zählte nicht zu diesen Leuten. Alles, was ich wirklich wollte … war reisen.

Ich kann mich nicht mehr ganz genau daran erinnern, wann die Idee vom unbefristeten Reisen sich erstmals in meine Gedanken geschlichen hat. Doch ich weiß noch ganz genau, wie ich nach einer einmonatigen Überseereise wieder ins Flugzeug stieg und dachte: »Genug ist genug.« Ich wollte nicht länger elf Monate im Jahr arbeiten und nur einen Monat freihaben. Ich musste einen Weg finden, dieses Verhältnis genau umzudrehen. Als ich 24 Stunden später landete, war meine Entscheidung gefallen: Ich würde eine moderne Nomadin werden. Ich wusste weder, wie lange meine Reise dauern, noch wohin sie führen würde. Mir war nur klar, dass sie beginnen musste. Also begann sie, die schleppende, mühevolle Schufterei, mich von den Fesseln des Alltags zu befreien.

Natürlich wurde ich von einigen Leuten für verrückt erklärt, weil ich ein sicheres, stabiles Leben gegen eines voller Gefahren, Widersprüche und Unberechenbarkeit eintauschen wollte. Ich selbst hatte auch Bedenken, so ist es nicht; doch mein Verlangen zu reisen, um neue Horizonte zu entdecken, war wesentlich größer als meine Furcht.

Was also bewegt einen ganz gewöhnlichen Menschen, eine ungewöhnliche Entscheidung zu treffen? Warum reisen? Warum konzentriert man sich nicht auf sein Streben, Karriere zu machen, Kinder großzuziehen oder finanzielle Sicherheit zu erlangen? Was ist mit einem Zuhause? Was mit der Rente? Was, wenn man es später bereut? Wie ist es mit … und mit …?

»Aber wo bleibt die eigene Individualität?«, kann ich nur erwidern. Und warum glauben manche Menschen, dass es nur *einen* richtigen Lebensweg gibt? Man muss fairerweise sagen, dass wir in einer Gesellschaft leben, die Wert auf Konformität legt und das Anhäufen von Reichtümern über alle anderen Bestrebungen stellt. Menschen werden viel mehr nach ihrem Beruf und ihrem Monatseinkommen als nach ihrem persönlichen Glücksempfinden beurteilt. Doch in meinen Augen ist ein erfolgreicher Mensch jemand, der glücklich, erfüllt und zufrieden lebt. Und nicht einer, der finanziell abgesichert ist.

Manch einer ist zufrieden, wenn er mehr als vier Jahrzehnte unablässig schuftet, um später die Zeit als Rentner genießen zu können. Doch ich war mir sicher, dass ich mein Heute nicht mehr länger dem Morgen opfern wollte, das vielleicht ohnehin nie kommen würde. Ich wollte unbedingt mein Jetzt genießen. Ich wusste aus persönlicher Erfahrung, auf welch tragische Weise sich das Ideal von »Erst arbeiten, dann reisen« als trügerisch erweisen kann. Mein Vater hat sein ganzes Leben lang nichts anderes getan, als zu arbeiten, um dann im Alter von 56 Jahren zu sterben. Die meisten seiner Träume blieben unerfüllt. Er hatte sie alle für den Herbst seines Lebens aufgehoben und dabei gar nicht daran gedacht, dass das Schicksal andere Pläne mit ihm haben könnte. Es war extrem erschütternd, das mitzuerleben. Daraus zu lernen, war für mich nicht nur von entscheidender Bedeutung; es hat meine Seele verändert. Ja, wir alle wissen, dass das Leben endlich und ungewiss ist, doch einige von uns sind sich dieser Tatsache bewusster als andere.

Langzeitreisen als gewählter Lebensstil

Es ist schwierig, jemandem die Leidenschaft fürs Langzeitreisen zu erklären, der sie nicht teilt. Doch es hilft anderen, die Motivation für ein Nomadenleben besser zu verstehen, wenn man erklärt, dass man sich auf der Jagd nach dem Glücklichsein befindet. Wenn ich reise, bin ich glücklicher als bei allen anderen Dingen. Für mich ist Reisen nicht nur ein Hobby, sondern ein wesentlicher Teil meines Seins.

Die Entscheidung, diesem Gefühl die letzten zehn Jahre zu folgen, hat dazu geführt, dass ich auf einige Dinge verzichten muss. Kinder beispielsweise. Manche Leute glauben fälschlicherweise, dass ich sie nicht mag, einfach nur, weil ich mich entschieden habe, keine zu bekommen. Was sie nicht verstehen, ist die Tatsache, dass ich meine Wanderungen enorm einschränken müsste, wenn ich Kinder hätte.

Es gibt unzählige Familien, die mit ihren Kindern im Schlepptau glücklich reisen. Doch obwohl einige Länder und Kontinente sich dafür eignen, gibt es doch Orte und Aktivitäten, die absolut tabu wären. Eine fünftägige Bergbesteigung bei Temperaturen unter dem Gefrierpunkt zu unternehmen, auf der man von gefriergetrockneter Nahrung lebt, mag für mich ein Vergnügen sein; ein zweijähriges Kind dabei mitzuschleifen, wäre allerdings absolut unverantwortlich. Es einer Offroad-Expedition in Somaliland auszusetzen, wo in einigen Gebieten Bürgerkrieg herrscht und Landminen verstreut herumliegen, könnte sogar als Kindesmissbrauch betrachtet werden! Ich bin nicht unbedingt auf der Suche nach Grenzerfahrungen, aber ich genieße Herausforderungen, die meinen Puls in die Höhe treiben. Viele dieser Abenteuer wären mit einem Kind auf meinem Rücken unmöglich gewesen.

Jedes Mal, wenn wir durch eine Tür gehen, schließen wir automatisch unzählige andere, ob uns das nun gefällt oder nicht. Das Leben besteht aus Geben und Nehmen. Wenn Sie glauben, dass Sie alles haben können, dann machen Sie sich selbst extrem anfällig für herbe Enttäuschungen.

Reisen stillt meinen Wissensdurst

Ich war schon immer ein extrem neugieriger Mensch mit einem brennenden Verlangen zu lernen. Ich habe meine Schulzeit genossen, doch nach meinem Abschluss wollte ich noch mehr über die Welt lernen, in der wir leben. Ich wollte sie hautnah erleben und nicht nur in Büchern über sie lesen.

Es ist nicht ohne Ironie, dass ich ausgerechnet in Geografie immer grottenschlecht war. Das Auswendiglernen langer Listen mit Hauptstädten, Wüsten und Gebirgsketten hat mich extrem gelangweilt. Meine Gymnasiallehrerin konnte mich innerhalb von fünf Minuten in Tiefschlaf versetzen und verzweifelte an mir. Doch das alles änderte sich, als ich mich selbst auf den Weg machte. Nach einem Jahrzehnt der Entdeckungsreisen rund um den Globus habe ich bis jetzt keinen Namen einer besuchten Stadt, keinen bestiegenen Gipfel und keine durchquerte Wüste vergessen. Es gibt kein Erdkundebuch der Welt, das die überwältigende Kraft der Iguazú-Wasserfälle, die Ehrfurcht einflößende Pracht des Kaukasusmassivs oder die atemberaubende Brillanz eines Sonnenuntergangs im Okavangodelta vermitteln könnte.

Reisen ist das Einzige, was meinen grenzenlosen Wissensdurst zu stillen vermag. Gleichzeitig befriedigt es meine Neugier jeden Tag aufs Neue, egal ob es um politische, historische, archäologische, kulturelle, sprachliche oder religiöse Dinge geht. Das soll nicht heißen, dass strukturiertes Lernen falsch ist oder ich meine Jahre an der Universität bereue. Ganz und gar nicht. Es verdeutlicht einfach die Wahrheit: Wer eine umfassende Bildung anstrebt, dessen Lehrplan muss sowohl praktische als auch theoretische Lektionen beinhalten.

Reisen bedeutet lernen – im besten Sinne.

Ich reise, weil ich das Studieren zwar mochte,
aber Lernen wirklich **liebe.**
Ich reise, weil ich in der Unberechenbarkeit des Lebens
aufblühe.

Ich reise, weil ich neugierig auf die Welt bin,
in der wir leben.
Ich reise, weil es meinen Geist und meinen Körper fit hält.
Ich reise, weil es mich glücklich macht.
Ich reise, weil …
Ich reise.

Entzauberte Irrglauben

Es gibt zahlreiche falsche Vorstellungen über das »Vagabundenleben«. Bisweilen wird es als idyllischer Traum beschrieben, der für die meisten Normalsterblichen unerreichbar
bleibt, dann wieder als äußerst einsame und harte Form der
Existenz.

Einige dieser Ansichten haben ihre Berechtigung. Doch
andere sind so unbegründet, dass sie beinahe schon wieder
komisch sind. Bevor Sie voreilig Schlüsse ziehen, tun Sie sich
selbst besser einen Gefallen und lernen, Fakten von Fiktion
zu unterscheiden.

Irrglaube eins:
Langzeitreisen sind teuer

Laut gängiger Meinung kann nur als Langzeitreisender leben,
wer entweder geradezu unanständig reich oder, alternativ,
gerade von Bill Gates adoptiert worden ist. Dieser Irrglaube
ist derart weit verbreitet, dass ich manchmal schreien möchte: »Ach, wenn ihr nur wüsstet!« Alle, die meinen, dass mein
Leben viel Geld erfordert, haben wahrscheinlich im Kopf die
Kosten für ihre letzte einwöchige Reise nach Zermatt mit 52

multipliziert und dabei eine lächerlich hohe Summe herausbekommen. Wenn Sie das tun, dann haben Sie einen völlig falschen Blickwinkel.

Die Welt ist nicht die Schweiz, wo die Kosten für eine Mahlzeit in einem schicken Restaurant mit dem Bruttoinlandsprodukt eines kleinen afrikanischen Landes wetteifern. Tatsächlich geht es in der Welt im Schnitt eher wie in Indonesien zu, wo man für lediglich zehn Euro einen Bungalow für die Nacht mieten und drei unglaublich köstliche Mahlzeiten genießen kann. Natürlich kann man auch 5000 Euro für einen einwöchigen Skiurlaub in Zermatt ausgeben oder eben für den gleichen Betrag **ein ganzes Jahr** mit dem Rucksack durch Südostasien reisen. Reisen kann so günstig oder teuer sein, wie Sie es wollen oder für nötig halten.

Ein weiterer Grund für diese Fehlannahme ist, dass eine Urlaubsreise immer Extrakosten verursacht, weil in der Zeit ja die laufenden Kosten wie Miete, Versicherungen usw. zu Hause weiter bezahlt werden müssen. Nomaden aber machen ihre Reiseziele zu ihrem Zuhause und vermeiden so doppelte Ausgaben. Etwas Verpflegung, ein Dach über dem Kopf und ein kleines bisschen Extrageld ist alles, was sie brauchen. Alles andere ist überflüssig. Toll, wenn man es sich leisten kann. Doch es ist absolut kein Hinderungsgrund loszufahren, wenn man es nicht kann.

Irrglaube zwei:
Für Vagabunden gibt es eine Altersgrenze

Der Reisevirus macht keine Unterschiede, befällt Menschen aller Altersgruppen und in allen Lebensumständen. Obwohl das Reisen mit zunehmendem Alter etwas beschwerlicher wird, ist es ganz und gar nicht wahr, dass es nur ein Vorrecht der jüngeren Generation ist. Sicher, es kann wahnsinnig zermürben, zwölf Stunden in einem vollgestopften Bus zu hocken, stundenlang auf einer mit Schlaglöchern übersäten Straße unterwegs zu sein oder ganze Tage mit Grenzübertritten, Visaangelegenheiten oder solchen Dingen zu verbringen. Aber es gibt einen Trick, Erschöpfung zu vermeiden. Verteilen Sie diese extrem anstrengenden Tage über eine längere Zeitspanne, insbesondere wenn Sie schon etwas älter sind.

Chris und ich reisen viel langsamer als in unseren Zwanzigern und Dreißigern. Das gilt besonders für unsere Tour von Deutschland nach Australien mit Puck und Pixie, unseren treuen, wenn auch leicht rostigen Motorrädern. Mit einem Motorrad unterwegs zu sein, ist wesentlich anstrengender als mit einem Campmobil. Stellen Sie sich also darauf ein, dass es an Ihnen zehren wird, wenn Sie sich erst in Ihren frühen Vierzigern für die Motorradvariante entscheiden. Wenn wir heute einen schönen Ort entdecken, dann möchten wir im Vergleich zu früher länger bleiben. Unser Drang, möglichst viele Stätten zu sehen, ist durch unseren Wunsch ersetzt worden, weniger Orte mit mehr Tiefgang zu erkunden. Eine Frage des Alters? Das will ich doch hoffen! Langsamer zu reisen hat unzählige Vorteile; dabei sinkt nicht nur der Stresslevel, sondern auch die Kosten reduzieren sich.

Wenn Sie ein bisschen älter sind, dann könnte es klug sein, entspannendere Möglichkeiten des Vagabundierens zu suchen. Es ist wohl unnötig zu erwähnen, dass eine Reise im eigenen Wohnmobil wesentlich komfortabler ist, als mit dem Rucksack auf dem Rücken von Hostel zu Hostel zu ziehen. Der zusätzliche Komfort wird Sie weit tragen und sicherstellen, dass Sie nicht unnötigerweise an Übermüdung oder Reiseunlust leiden. Reisen Sie langsam, damit Sie, wenn Sie sich zum nächsten Ziel aufmachen, die Weiterreise auch genießen können.

Sie sind nur zu alt zum Reisen, wenn Sie auch zu alt zum Leben sind. Wenn Sie sich auf den Weg machen wollen, Sie aber aufgrund Ihres fortgeschrittenen Alters zögern, dann denken Sie daran, dass Sie heute jünger sind, als Sie es jemals sein werden. Die beste Zeit zum Reisen ist **jetzt!**

Irrglaube drei:
Intensives Reisen führt zu einem einsamen Dasein

Ich weiß nicht, wie es anderen geht, aber ich habe mich in einem Raum voller Menschen, die meine Interessen und meine Einstellungen nicht geteilt haben, schon einsamer gefühlt als jemals unterwegs. Einsamkeit rührt von der Unfähigkeit her, Erfahrungen und Gedanken zu teilen, die einem am wichtigsten sind. Wenn man reist, dann hat man ständig Kontakt zu gleichgesinnten Menschen. Daher entwickeln sich unterwegs auch so schnell Freundschaften. Es hängt von **Ihrem** Handeln ab, bereichernde Gesellschaft zu finden. Sie wünschen sich Geselligkeit? Dann übernachten Sie in einem beliebten Hostel! Sie brauchen Zeit für sich? Dann schlagen Sie sich für eine Woche mit dem Zelt in die Büsche!

Dies vorangestellt, sollte man dennoch nicht vergessen, dass Reisende viel Zeit allein verbringen; sie deshalb aber alle als einsam zu betrachten, wäre falsch. Reisen garantiert Ihnen Alleinsein, was die meisten Vagabunden ehren und schätzen. Wenn wir Zeit und Raum mit anderen teilen, dann geschieht das, weil wir Lust dazu haben und es wirklich wollen. Wenn es eine Sache gibt, die alle Vagabunden gemeinsam haben, dann ist es ihr Vergnügen an der eigenen Gesellschaft. Wir mögen uns selbst. Das müssen wir auch, denn sonst würden wir es niemals so lange unterwegs aushalten.

Dennoch stehen auch die Chancen für romantische Begegnungen nicht schlecht, obwohl ich zugeben muss, dass Chris und ich in dieser Beziehung viel Glück hatten. Wir lernten uns 2008 in Afrika auf einem Campingplatz am Malawisee kennen, wo wir die nächsten 24 Stunden ununterbrochen miteinander quatschten. Erzwungene Trennungen können äußerst schmerzhaft sein. Doch wir sind der lebende Beweis, dass es mit etwas Mühe und reichlich logistischer Planung möglich ist, auch die gegensätzlichsten Reisepläne so aufeinander abzustimmen, dass daraus eine lange gemeinsame Reise werden kann. Wir haben im Juni 2009 eine Möglichkeit gefunden, unsere individuellen Reisen unter einen Hut zu bringen, und sind seitdem unzertrennlich. Natürlich muss man die eigenen Wünsche und Vorhaben ständig anpassen, doch wenn das mehr Raum für die Liebe des Lebens schafft, dann macht man das auch voll Freude.

Irrglaube vier: Dieser Lebensstil eignet sich nicht für jeden

Dies ist der einzige Irrglaube, der im Grunde keiner ist. Denn es wäre einfach nur verrückt zu glauben, dass in uns allen ein Nomade steckt. Genauso wenig hat jeder das Zeug zu einer guten Krankenschwester, einem guten Chirurgen oder Ingenieur. Sich auf so eine Reise zu begeben, ist wie jede andere Lebensentscheidung: Es gibt Dinge, die dafür und dagegen sprechen, man erlebt herzerwärmende Momente, muss aber auch miese Auswirkungen in Kauf nehmen. Während eine solche Reise für den einen das ideale Leben ist, kann sie für einen anderen der schlimmste Albtraum sein.

Es gibt Menschen, die blühen in stabilen Verhältnissen auf. Und damit meine ich keinesfalls, eine Woche lang am selben Ort zu zelten. Nein, sie lieben es, über Jahre ins immer gleiche Zuhause zurückzukehren und jedes Wochenende mit den gleichen Aktivitäten und mit ihren besten Freunden zu verbringen. Meiner Meinung nach ist das überhaupt nicht verkehrt. Nur hat es mir persönlich nie diese Befriedigung gebracht, nach der ich mich gesehnt habe.

Bevor Sie nun aber Ihr gesamtes Hab und Gut verkaufen, sollten Sie sich in Erinnerung rufen, wie

Der einzige Weg herauszufinden, ob Sie fürs Reisen brennen, ist, es auszuprobieren.

Sie bei der Rückkehr von Ihrer letzten Kurzreise reagiert haben. Konnten Sie es kaum erwarten, wieder nach Hause zu kommen, und waren dermaßen glücklich über die Wiedervereinigung mit Ihrem Kopfkissen und Ihrer Matratze, dass Sie drei Tage lang nicht mehr aus dem Bett herauswollten, dann ist ein Leben auf Wanderschaft am Ende wohl eher nichts für Sie. Doch wenn Sie sämtliche Urlaube mit diesem brennenden Verlangen nach mehr beendet haben und schon beim bloßen Gedanken an die Rückkehr in schwere Depressionen verfallen sind, dann lässt sich daraus sicherlich etwas machen.

An diesem Punkt müssen Sie sich unbedingt darüber klar werden, ob Ihre Reiselust nicht aus dem leidenschaftlichen Widerwillen gegen bestimmte Lebensumstände zu Hause resultiert. Wollen Sie vor etwas flüchten? Ich sehe es so: Es gibt nur zwei Typen von Vagabunden, nämlich die, die reisen, um **vor** etwas wegzurennen, das sie nicht ausstehen können, und jene, die **zu** etwas hinreisen wollen, was sie lieben. Sie müssen herausfinden, welcher Typ Sie sind. Beide haben gleichermaßen ihre Berechtigung, doch nur einer wird am Ende dazu fähig sein, über Jahre hinweg glücklich zu reisen.

Ich selbst habe das Reisen dreimal in meinem Leben als Flucht genutzt – es hilft wirklich, wenn man eine dramatische Trennung überwinden will. Doch obwohl es phänomenal gut dazu beigetragen hat, meine Glücksgefühle neu zu entfachen, ist der therapeutische Effekt eher von kurzer Dauer. Und sobald Sie einmal von Ihrer Verletzung »geheilt« sind, haben Sie die Reise am Hals. Wenn Sie dann das Reisen nicht leidenschaftlich genießen, werden Sie nicht lange dabei bleiben. Langzeitreisen passen am besten zu denen, die das Reisen an und für sich wirklich lieben, und nicht zu jenen, die alles andere nicht mögen.

Irrglaube fünf:
Langzeitreisen sind der ideale Lebensstil

So exotisch die Vorstellungen einiger verträumter Reisenovizen vom Leben auf der Achse auch sein mögen: Eine Langzeitreise ist keine einfache Fahrkarte nach Shangri-La. Jede Form von unrealistischen Vorstellungen erhöht die Chancen, enttäuscht zu werden, also werfen Sie sie am besten hier und jetzt über Bord.

Dass es diesen weitverbreiteten Irrglauben gibt, ist ganz und gar nicht überraschend. Man hört oft von Leuten, die im Ausland spirituelle Erleuchtung gefunden haben. Doch niemand hält es für nötig, die unzähligen anderen zu erwähnen, die durch die Tür herausspaziert sind, mit Blick durch die rosarote Brille nach göttlicher Erkenntnis suchten und einsam, mit gebrochenem Herzen, bekifft und mittellos an einem entlegenen Strand in Südostasien geendet sind. Wenn ich wetten sollte, dann würde ich sagen, dass es weit mehr dieser desillusionierten Seelen als erleuchtete Maharischis gibt. Das Reisen bringt immer einige Hürden mit sich. Es hält weder eine allumfassende und universelle Antwort auf die Bedeutung des Universums bereit, noch sollte es als solche aufgefasst werden.

Doch wenn Sie sich nach wunderschöner Intensität und ungekünstelter Realität sehnen, dann können Sie nichts Besseres tun, als sich auf den Weg zu machen.

Wie Sie Ihre Reisen finanzieren

Herzlichen Glückwunsch! Sie haben sich schlussendlich dafür entschieden, dass Langzeitreisen das sind, was Sie wirklich wollen. Ich bin mir sicher, dass Sie viele schlaflose Nächte mit dem Abwägen Ihrer Möglichkeiten verbracht haben. Doch damit ist die Plackerei noch nicht vorbei. Sich aus den Zwängen eines sesshaften Lebens zu befreien, ist weder leicht noch angenehm; wenn Sie aber all die Hürden als Test Ihres Entschlusses nutzen, dann werden Sie am Ende noch stärker und entschlossener aus dieser Phase hervorgehen.

Bei Ihrem ganz persönlichen Streben nach Glück wünsche ich Ihnen Zielstrebigkeit, Geduld und höllisch viel Ausdauer. Sie werden all diese Eigenschaften brauchen.

Die Krux bei der Sache: das Geld

Wenn Sie sich daranmachen, Ihr zukünftiges Leben als Nomade zu organisieren, müssen Sie als Erstes herausfinden, wovon Sie um alles in der Welt in den kommenden Jahren leben werden. Sie mögen ja dabei sein, Ihr Leben drastisch zu verändern, doch seien Sie gewiss: Manches wird auch dann gleich bleiben. Geld und Finanzen werden immer noch eine zentrale Rolle spielen.

Im Wesentlichen haben Sie vier Möglichkeiten:
1. Sie können bis zu Ihrer Abreise genügend sparen.
2. Sie können von Ihrer Rente, von Mieteinnahmen oder irgendwelchen anderen Anlagen leben.
3. Sie können während der Reise arbeiten.
4. Sie können sich von anderen offiziell sponsern lassen.

Die erste und die zweite Option erklären sich von selbst, die dritte enthält endlose Möglichkeiten, und die vierte ist mindestens heikel, es sei denn, es macht Ihnen nichts aus, dass andere bei Ihren Reiseentscheidungen ein gewichtiges Wort mitzureden haben. Finden Sie unbedingt zunächst heraus, was bei Ihnen möglich ist, da man zwar mit entsprechenden Rücklagen von jetzt auf eben Richtung Horizont aufbrechen kann, es aber Monate dauern mag, einen mit dem Reisen kompatiblen Job oder einen Sponsor zu finden. In diesen Fällen ist die richtige Vorbereitung wirklich Gold wert.

Vom Ersparten leben
Viele Langzeitreisende leben über Jahre von ihren Ersparnissen, was sicherlich ideal sein kann. Man hat die Freiheit,

unterwegs zu arbeiten, weil man es **will** und nicht weil man **muss.** Dies würde definitiv meine Kriterien für das persönliche Glück erfüllen. Die alles entscheidende Frage aber bleibt: Wie viel ist genug? Es ist beim Erstellen eines Jahresbudgets hilfreich, wenn Sie wissen, was für eine Art Reisender Sie sind. Denn da sich jeder Nomade in seinen Bedürfnissen und Wünschen von anderen unterscheidet, handelt es sich um einen extrem persönlichen Plan.

Wenn es Ihnen gelungen ist, ein hübsches Sümmchen zusammenzubringen, **Ihre Reserven sollten mit viel Respekt behandelt werden.** oder Sie darüber nachdenken, Ihre gesamte Habe zu verkaufen, um sich auf den Weg zu machen, dann investieren Sie weise. Alle, die in Geldangelegenheiten nicht besonders versiert sind, sollten auf jeden Fall den Rat eines Finanzberaters einholen. Denn es ist nicht unbedingt das Klügste, sein Kapital auf ein gewöhnliches Konto einzuzahlen, wie viele meinen. Wären Sie beispielsweise zu Beginn des Jahres 1998 ein wanderlustiger Argentinier gewesen und mit einem aus Ihrer Sicht ansehnlichen Betrag Pesos losgezogen, dann wären Sie am Ende des Jahres bettelarm gewesen. Es mag selten vorkommen, dass die Wirtschaft eines ganzen Landes kollabiert, aber es **kann** passieren. Wenn Sie Ihre Ersparnisse unterschiedlich anlegen, reduzieren Sie damit die Gefahr einer totalen Pleite.

Das Nervige an ganz normalen Ersparnissen ist leider, dass sie früher oder später aufgebraucht sind, es sei denn, Sie zählen zu den Glücklichen, die allein von den Zinsen ihrer Anlagen leben können. Wenn Sie planen, auf Reisen zu gehen, bis das Geld eben alle ist, der Gedanke daran, was Sie tun werden, wenn es so weit ist, Sie allerdings zögern lässt, dann kann ich Sie beruhigen. Denn wenn Sie Ihr Erspartes mit Geld aufstocken, das Sie unterwegs mit Gelegenheitsjobs verdienen, dann können Sie Ihre Reise außerordentlich verlängern. Diese Welt sprudelt nur so über vor Arbeitsangeboten für Leute, die die Initiative ergreifen sowie qualifiziert und intuitiv sind. Davon zu profitieren, ist überhaupt nicht schwierig.

Sie müssen jetzt mit dem Sparen beginnen? Dann beschränken Sie sich! Diese »Verkleinerung« des Lebens ist unverzichtbar, wenn man größere Geldmengen ansparen und nicht nur Kosten reduzieren möchte. Wenn Sie einen gut bezahlten Job haben und alles Unwesentliche über Bord werfen, können Sie binnen weniger Jahre sehr viel Geld zurücklegen.

Wenn wir irgendwo auf der Welt für 6000 Euro im Jahr durchs Land streifen können, können Sie – auch in Deutschland – mit nur marginal mehr auskommen. Man kann in ein Wohnmobil umziehen und auf einem Campingplatz mit Dusche, Waschsalon etc. leben. Wenn Sie 40 000 Euro im Jahr verdienen und das Leben eines minimalistischen Vagabunden führen, können Sie allein in den ersten zwölf Monaten 30 000 Euro sparen. In Deutschland können Sie einen Platz zum Campen inklusive aller Nebenkosten für weniger als 1500 Euro im Jahr bekommen (Stand 2014). Ihr Leben wird dann garantiert nicht mehr so schick sein, doch wenn Ihr Hauptziel darin besteht, Geld fürs Reisen zurückzulegen, dann ist das machbar. Darüber hinaus sind manche dieser Campingplätze zum Sterben schön und meiner Meinung nach jedem winzigen, beengten Apartment im Stadtzentrum Frankfurts vorzuziehen. Wenn Sie entschlossen sind, das ein paar Jahre durchzuziehen, dann werden Sie sich auch nicht mehr um Jobs auf Ihrer Reise sorgen müssen, sondern haben erst mal für eine ganz lange Weile ausgesorgt.

Von der Rente oder anderen Anlagen leben

Rentenfonds sind eine vergleichsweise sichere Form der Anlage und eine brillante Möglichkeit, seine Reisen zu finanzieren. Rentner sind in der beneidenswerten Lage, genau zu wissen, wie viel Geld sie jeden Monat bekommen. Solange sie im Rahmen ihrer Mittel reisen, werden sie sich kaum sorgen müssen. Allerdings deuten weltweite Trends darauf hin, dass die Renten in Zukunft nicht mehr so sicher sein könnten. Sie sollten dies unbedingt im Hinterkopf behalten, wenn Sie später im Leben reisen möchten und dafür auf Ihre Rente bauen.

Von den Zinsen aus anderen Vermögensanlagen zu leben, ist eine ganz andere Sache. Aktienkursschwankungen und Immobilienmärkte können für alle zum Desaster werden, die sich in Sachen Lebensunterhalt allein auf Investitionserträge und Mieteinnahmen verlassen. Letzteres ist nur eine Option, wenn die Immobilie schuldenfrei ist.

Als Reisender Arbeit finden

Während der Reise zu arbeiten, ist für all die eine Möglichkeit, die nicht genug gespart haben. Das kann auf einem von zwei möglichen Wegen geschehen: Sie können sich die Jobs bereits vor Reiseantritt sichern, oder Sie finden sie unterwegs in den Ländern, die Sie bereisen.

Als ich mich das erste Mal aufmachte, hatte ich eine ganz anständige Summe gespart. Ich habe mich aber trotzdem dafür entschieden, einen Job als Reiseführerin anzunehmen, da ich damals noch nicht wusste, wie Reisen funktioniert. Ich hatte die meiste Zeit meines Lebens in Australien verbracht und außer bei meinem Wegzug aus Italien noch nie eine Landesgrenze mit eigenen Augen gesehen! Sich seinen Lebensunterhalt als Reiseleiter zu verdienen, lohnt sich ungemein und bringt zwei eindeutige Vorteile mit sich: Zum einen lehrt es dich, eigenverantwortlich zu reisen, und zum anderen erlaubt es dir, deine Ersparnisse zusammenzuhalten. Im Wesentlichen ist der Job eine brillante Kombination aus Arbeit und Spaß. Ich konnte in Südamerika und Afrika als Angestellte zwar nicht die vollkommene Freiheit genießen, die ich heute habe, doch hatte ich so die Chance, beide Kontinente viele Male zu erkunden und jede einzelne, noch so verrückte Aktivität mitzumachen … und das auch noch auf Kosten meines Chefs. Dieser Job ist für alle genial, die nicht wissen, wo sie anfangen sollen, obwohl man ihn natürlich enorm mögen muss, um für eine Weile durchzuhalten. Was Sie brauchen, um ein erfolgreicher Reiseführer zu sein? Eine laute Stimme, grenzenlose Geduld und unerschütterliche Entschlossenheit. Es hilft natürlich auch, wenn Sie Profanes in mindestens zwei Fremdsprachen von sich geben können.

Als meine Ersparnisse 2010 schließlich erschöpft waren, habe ich mich dafür entschieden, die Möglichkeiten von Internetjobs zu erforschen. Die technologischen Fortschritte unserer Welt haben viele Vor- und Nachteile. Aber sie sind unbestritten ein Glücksfall für jeden, der sich alternative Finanzierungsmöglichkeiten für seine Reisen wünscht. Der Höhenflug der digitalen Nomaden ist ein untrüglicher Beweis dafür.

Diese besondere Art des Arbeitens auf Reisen hat sich erst in den vergangenen Jahren entwickelt. Trotzdem hat sie sich in der Gemeinschaft der Reisenden wie ein Flächenbrand ausgebreitet. Die Ära, in der Buchmanuskripte, Magazinbeiträge und 35-Millimeter-Filmrollen quälend langsam auf dem Postweg zu den Herausgebern in der Heimat unterwegs waren, ist definitiv vorbei. Ebenso Geschichte ist die Zeit, in der man seine eigene Reise vermarkten musste, um etwas Geld zu verdienen. Heute können Digitalnomaden alle möglichen Arten von Jobs ausüben, von denen viele absolut nichts mit dem Reisen zu tun haben.

In den letzten paar Jahren habe ich ebenso reisende freiberufliche Steuerberater und Buchhalter wie Schriftsteller aller Genres, Grafikdesigner, Therapeuten, Lehrer (wenn etwas online studiert werden kann, kann es auch online unterrichtet werden), Personalberater, Marketingführungskräfte und natürlich auch, wen wundert es, Leute aus dem IT-Bereich getroffen. Ich habe auch Consultants, Personal Trainer und Yogalehrer kennengelernt, die ihre Dienste online via Skype angeboten haben. Wer auch immer den Ausspruch »Deine Möglichkeiten werden nur von deiner Vorstellungskraft begrenzt« geprägt hat – er muss das Leben eines Digitalnomaden im Kopf gehabt haben.

Und der Haken bei dieser Geschichte? Es kann extrem viel Arbeit und Zeit erfordern, bis man auf diese Weise ein Einkommen erzielt, das die Reiseausgaben deckt. Das Internet quillt über vor Jobportalen wie oDesk und Elance. Manche wenden sich gezielt an Schriftsteller, andere sind auf ganz spezielle Felder wie IT-Programmierung oder Lehrberufe zugeschnitten. Sie zu finden, ist nicht schwer. Was aber einige Zeit in Anspruch nehmen kann, ist der Aufbau eines eigenen Profils und einer guten Internetpräsenz.

Ich habe genau das getan und mich als Internetnomadin platziert, bevor wir Deutschland 2012 für unsere Motorradreise verlassen haben. Von Anfang bis Ende des Prozesses hat es etwa zwei Jahre gedauert, bis ich mich als freiberufliche Reiseführerautorin etabliert hatte. Und ja, es war hart, sich über Monate am Laptop abzuplagen und gleichzeitig für fünf Euro die Stunde Pizza auszuliefern … Es ist einfach nicht leicht, mit Pidgin-Deutsch einen Job in Deutschland zu finden. Doch es hat sich ausgezahlt. Als Chris und ich abfuhren, hatte ich mir zwei fortlaufende Arbeitsverträge gesichert und mir meinen Job so eingerichtet, dass ich immer eine Woche würde arbeiten müssen, um mir drei Reisewochen leisten zu können. Es ist mir gelungen, meine Erfahrungen als Reiseführerin für ein Onlinejobangebot zu nutzen. Ich führe nun immer noch Touristen rund um die Welt, doch jetzt tue ich das im Licht des Computerbildschirms.

Wenn Sie diesen virtuellen Weg beschreiten wollen, dann halten Sie es möglicherweise für schwierig, sich neben Ihrem normalen Vollzeitjob auch noch ein Profil in Ihrem zukünftigen Arbeitsfeld aufzubauen. Dennoch könnte dies Ihre einzige Möglichkeit sein, nicht schon alle Ersparnisse aufzubrauchen, bevor Sie überhaupt auf Reisen gehen! Wenn Sie Probleme damit haben, 36 Stunden in einem Tag unterzubringen, dann kündigen Sie Ihren Job und schränken Sie sich dramatisch ein. Ziehen Sie während dieser Vorbereitungsphase zu Ihrer Mutter, falls sie Sie aufnimmt, zu Freunden oder sogar in Ihr Reisefahrzeug, wenn Sie dort einen Internetanschluss haben. Verkaufen Sie Ihr Auto, Ihre Sportausrüstung, Ihre Klamotten und alles andere, was Sie auf Reisen nicht brauchen. Nutzen Sie diese Einnahmen für die Verwirklichung Ihrer Pläne. Kündigen Sie Ihre Zeitschriftenabos und beginnen Sie damit, aufs Essengehen und teure Partynächte zu verzichten. Es ist nicht leicht, diese Opfer daheim zu bringen. Das weiß ich aus eigener Erfahrung. Dennoch wird es Ihnen nicht nur dabei helfen, Ihre Reiseziele zu erreichen, sondern ist auch eine gute Übung für das Leben unterwegs.

Wenn die Arbeit als Reiseführer oder online nichts für Sie ist, dann glauben Sie mir, Sie können sicherlich auch Alternativen finden, die Ihnen auf Reisen den einen oder anderen Euro in die Kasse spülen. Ob als Saisonarbeiter auf Obstplantagen in Australien oder als Aushilfskellner in Hongkong, als Tauchlehrer in Honduras, Surftrainer in Griechenland, Kindermädchen in Italien oder Englischlehrer in Japan, Hostelmanager in Bolivien, Schmuckdesigner und Handwerker irgendwo … die Möglichkeiten sind nahezu grenzenlos. Auf Reisen eine einträgliche Arbeit zu finden, ist gar nicht so schwierig, wie man meinen könnte. An dieser Stelle spielen auch wieder die intuitiven und proaktiven Fähigkeiten eine Rolle. Denn wenn Sie ein Gefühl dafür entwickeln, wo Ihre Hilfe gerade gebraucht wird, dann müssen Sie sie nur noch anbieten und Sie werden schneller einen Job haben, als Sie ahnen.

In den meisten Fällen werden Sie keine Arbeitserlaubnis brauchen, um einen Job zu finden. Das gilt besonders dann, wenn Sie es wie Chris machen und Ihre Fähigkeiten gegen Kost und Logis (und manchmal auch eine Flasche Wein) zur Verfügung stellen. Auf seiner achtjährigen Reise mit seinem Land Rover Matilda hat er eine Pferdefarm in Südafrika geleitet, Möbel in Australien gezimmert, als Mechaniker in Chile gearbeitet, Kaminöfen in Amerika gebaut, als Elektriker in Äthiopien gewerkelt und sich – auf meinen Vorschlag hin – auch als Reiseführer versucht, nachdem wir uns gerade in Afrika kennengelernt hatten. Er mag keinen einzigen Cent verdient haben, aber er war in der Lage, seine Kosten zu reduzieren und dadurch seine Reisen auszudehnen. Darüber hinaus ermöglicht das Leben und Arbeiten mitten unter den Einheimischen unschätzbar wertvolle kulturelle Erfahrungen, was wiederum zu tiefen Einblicken in die wahre Seele eines Lands führt, die man als »durchziehender« Besucher so nie erlangen würde.

Diese Verdienstmöglichkeiten unterwegs können für diejenigen anstrengend sein, die darauf angewiesen sind, weil sie kein finanzielles Polster haben. Ich persönlich halte das gelegentliche Arbeiten auf der Reise für eine großartige Möglichkeit, die existierenden Ersparnisse zu strecken. Es ist besser, als sich total auf sie zu verlassen und von ihnen abhängig zu sein. Auch wenn man viele Jobs finden kann, sind diese selten gut bezahlt. Deswegen kehren viele Nomaden zwischendurch ein paar Monate in ihre bessergestellten Heimatländer zurück, obwohl der Rückflug nicht billig ist. Zweifellos kann man mehr Geld verdienen, wenn man in Deutschland sechs Monate arbeitet, als wenn man zwei Jahre lang in Kambodscha Schmuck herstellt. In der digitalen Welt nennt man es »Cycling«, wenn ein Nomade über längere Zeit hinweg im Wechsel arbeitet und reist.

Die feine Ironie des Langzeitreisens besteht darin, dass man einen offenen Geist, Kreativität und Widerstandsfähigkeit braucht, um in einem fremden Land zurechtzukommen, man aber gleichzeitig ins kalte Wasser springen muss, um diese wichtigen Fähigkeiten überhaupt erst einmal zu erlangen. Damit meine ich nicht, dass Sie diese an und für sich nicht schon haben, sondern speziell in Bezug auf das Reisen erst entwickeln müssen. Das mussten wir alle.

Über die Jahre hat man mir haufenweise Jobs auf Campingplätzen, in Resorts, Hotels, Restaurants und Schulen angeboten. Hätte ich es gewollt, dann hätte ich viele Monate und sogar Jahre in Argentinien, Ecuador, Ägypten oder Tansania verbringen können.

Anders als in Deutschland braucht man in den meisten Ländern keine Lehre, um Autos zu reparieren, keinen

Glauben Sie daran, dass sich während Ihrer Reise immer neue Chancen auftun werden!

Universitätsabschluss, um an einer Schule Englisch zu unterrichten, und kein Wirtschaftsdiplom, um einen Campingplatz zu managen. Entdecken Sie Ihre Fähigkeiten, reisen Sie mit offenen Augen, und Sie werden diese Möglichkeiten finden.

Einen Sponsorendeal sichern

Es gibt eine ganze Reihe von Reiseveteranen und Extremabenteurern, die sich in der Reiseindustrie hervorragend vermarktet haben. Einige von ihnen sind zu Persönlichkeiten des öffentlichen Lebens und Medienstars geworden, die von Unternehmen gesponsert werden, in deren Werbung auftauchen und ihre Outdoorprodukte vermarkten. Sie haben diese Jobs oft noch Jahre nach Beendigung ihrer Reisen.

Das mag alles schön und gut sein, doch stellt sich die Frage, ob es überhaupt möglich ist, sich einen Sponsorendeal noch **vor** der Abreise zu sichern, um die Reise davon ganz oder zumindest in weiten Teilen zu finanzieren. Dies ist vermutlich eine der am schwersten zu lösenden Aufgaben. Wenn Sie nicht gerade eine weithin bekannte Person sind oder etwas ganz und gar Außergewöhnliches tun, dann liegen die Chancen, einen umfangreichen, lohnenden Vertrag zu bekommen, irgendwo bei null oder knapp darüber. Dank

Felix Baumgartner muss »etwas ganz und gar Außergewöhnliches« inzwischen übrigens schon oberhalb der Stratosphäre geschehen.

Egal wie unglaublich mutig, abenteuerlich und einzigartig Ihre Reise für Ihre Mutter klingen mag – Sie sollten nicht vergessen, dass es viele Langzeitreisende gibt. Wenn man allein die Overlander betrachtet, die sich mit Fahrrad, Motorrad, Pkw oder Lkw auf eine interkontinentale Reise begeben, kommt man auf ungefähr 12 000 pro Jahr. In der heutigen Zeit ist eine mehrjährige Reise um die Welt nichts Besonderes mehr. Sie, meine Lieben, sind nicht allein.

Wenn Sie Glück haben, kommen Sie aus einem kleinen Land. Wenn dieses Land nicht gerade für große Reiseabenteurer bekannt ist, dann sind Ihre Sponsoringchancen erheblich höher einzustufen. Sollten Sie beispielsweise ein Mazedonier sein, dann könnten Sie mehrere Unternehmen finden, die Sie unterstützen wollen. Sie könnten es sogar in die Nachrichten schaffen. Vielleicht wird Ihnen zu Ehre bei der Rückkehr von der Reise eine Begrüßungsparade stattfinden, oder Sie werden sich im staatlichen Fernsehen einen Topf Tavče Gravče mit dem mazedonischen Präsidenten teilen. Sie können sicher ein Nationalheld werden, wenn Sie aus einem Land kommen, dessen Töchter und Söhne niemals eine große Weltreise unternommen haben. Doch wenn Sie aus Deutschland stammen, können Sie das alles ziemlich vergessen. Viel zu viele Deutsche waren schon vor Ihnen da, und noch viel mehr werden am selben Tag abreisen wie Sie.

Sie sollten außerdem wissen, dass ein großer Sponsorenvertrag ein zweischneidiges Schwert sein kann. Stellen Sie sich die mühevollen Monate vor, in denen Sie potenzielle

Sponsoren kontaktieren, Überzeugungsarbeit leisten und kämpfen, nur um dann festzustellen, dass die von Ihnen zu erbringende Gegenleistung Ihre Reisefreiheit möglicherweise dermaßen einschränken wird, dass Sie die Freude an Ihrem Unternehmen verlieren könnten. Ist es das wert? Es gibt im Leben nichts umsonst. Wenn Sie glauben, dass ein Sponsorenvertrag bedeutet, Sie bekommen Geld geschenkt und können dann einfach so losreisen, dann haben Sie alle Chancen auf ein böses Erwachen.

Chris und ich haben beide schon gesponserte Nomaden kennengelernt und sind uns einig, dass wir allein schon die Vorstellung nicht mögen, immer von einem zum nächsten Ort hetzen zu müssen und dabei darauf zu achten, dass wir Fotos vor den wichtigen Wahrzeichen machen, während wir bestimmte Produkte in den Händen haben. Wir möchten auch nicht verpflichtet sein, ständig Reisereportagen und Fotos schicken zu müssen, auch dann nicht, wenn es ein lukrativer Vertrag wäre. Für uns ist es das einfach nicht wert.

Betrachten Sie es einfach mal so: Wenn Sie die Beharrlichkeit und den Einfallsreichtum haben, so einen Deal an Land zu ziehen, dann haben Sie auch alles, was Sie brauchen, um tausendundeinen anderen Weg zu finden, Ihre Reise zu finanzieren! Bewahren Sie sich Ihre Freiheit, schützen Sie sich vor dem Theater, und finden Sie alternative Einkommensmöglichkeiten. Das ist allerdings nur meine ganz persönliche Meinung.

Neuerdings haben sich viele Reisende dafür entschieden, ihr Vorhaben mit einem humanitären Projekt zu verbinden. Diese karitativen Sponsorendeals, die von »Laufen gegen Krebs« über »Radfahren für mehr Aufmerksamkeit für

Autismus« bis hin zu »Fahren für die Rettung der arktischen Schnecken« reichen können, sind überaus beliebt. Die Reise mit einer noblen Sache zu verbinden, das kann ... nun ... durchaus nobel sein. Aber lassen Sie uns ehrlich sein: Es gibt sicher einige Vagabunden, die reisen, um einer guten Sache zu dienen, die ihnen am Herzen liegt. Doch habe ich den Verdacht, dass die meisten einfach nur ihre Abenteuer auf dem Rücken einer Wohltätigkeitsorganisation finanzieren. Wenn ihr Hauptanliegen wirklich das Sammeln von Geld für den guten Zweck wäre, dann hätten sie unendlich viel mehr Geld sammeln können, wenn sie daheimgeblieben wären, dort in ihrem alten, gut bezahlten Job weitergearbeitet und die Hälfte ihres Einkommens direkt gespendet hätten. Ganz sicher wäre das aber nicht annähernd so spaßig! Nichtsdestotrotz will ich damit nicht sagen, dass die Verbindung Ihrer Reise mit einer Wohltätigkeitsorganisation unmoralisch wäre. Am Ende des Tages ist es doch so: Wenn Sie damit Ihre Finanzierung sichern können und gleichzeitig die Aufmerksamkeit für ein Wohltätigkeitsprojekt steigern, dann ist es ein Doppeltreffer!

Mit Schulden klarkommen

Haben Sie sich einmal für eine bestimmte Finanzierung Ihrer Reise entschieden, dann gibt es da noch ein Thema, das Sie bedenken sollten: **Hinterlassen Sie niemals Schulden!**

Das ist der wichtigste Rat, den ich geben kann. Natürlich können Sie Ihre Kreditkarte beim Herumziehen durch die Welt bis zum Maximum ausreizen, doch seien Sie dann nicht überrascht, wenn Sorgen und Ängste Ihnen das ganze Erlebnis ruinieren. Ich habe mehr Reisende, als mir lieb ist,

kennengelernt, deren Leben ins finanzielle Desaster abge-
trudelt ist. Die eigene Kreditwürdigkeit und den Bankrott zu
riskieren, kann Ihre Zukunftsaussichten zerstören. Wenn Sie
Ihre Freiheit schätzen, dann sind dies die um jeden Preis zu
vermeidenden Risiken.

Chris und ich mögen vielleicht nur die wenigen Besitztümer unser Eigen nennen, die in die Seitentaschen unserer Motorräder passen; unser Freiheitsgefühl aber rührt in erster Linie daher, dass wir niemandem irgendetwas schulden.

Im Leben eines Langzeitreisenden ist es definitiv besser, nichts zu besitzen, als Schulden zu haben.

Wenn Sie zu Hause Schulden haben, dann kann ich Sie nur
dringend bitten zu **warten,** sie abzubezahlen und erst dann
loszureisen. Glückliches, stressfreies Reisen ist der Heilige
Gral aller Vagabunden. Ich kann mir nicht vorstellen, meine
Reise zu genießen, während sich die Schuldeneintreiber an
meine Fersen geheftet haben. Sie brauchen in dieser Zeit viel
Geduld. Danach wird aber ein innerer Friede von unschätzbarem Wert Ihre Belohnung sein.

Was tun mit Ihrer Habe?

Haben Sie erst einmal Ihre finanziellen Angelegenheiten
geregelt, müssen Sie als Nächstes entscheiden, was Sie mit
Ihrem Hab und Gut tun wollen. Wohin in aller Welt mit dem
ganzen Zeug?

Wenn Sie zwischen 20 und 30 Jahre alt sind oder einfach
nicht so viel besitzen, dann betrachten Sie sich als glücklich.

Es dürfte leicht sein, ein paar Kisten zu packen und sie bei irgendjemand in der Garage oder im Keller unterzustellen. Sind erst einmal die wichtigsten Besitztümer wie Fotoalben und Familienerbstücke sicher verstaut, wird es noch allerlei anderes unterzubringendes Zeug geben. Wollen Sie wirklich das Bügelbrett, 27 Paar Sommersandalen, einen Satz Geschirrtücher und die Waschmaschine behalten? Für den Fall der Fälle? Wohl eher nicht. Am besten verkaufen Sie alles über eBay, verschenken nützliche Gegenstände an Freunde oder Wohltätigkeitsorganisationen und zünden mit den letzten Resten ein großes Freudenfeuer an. Was immer Sie tun, werden Sie das Zeug los!

Wenn Sie keine 20 mehr sind und eine Immobilie besitzen, ist deren Vermietung auf unbestimmte Zeit eine gute Lösung. Dies ist besonders dann eine weise Entscheidung, wenn Sie noch nicht sicher sind, wie Ihnen das Langzeitreisen gefallen wird. Sollten Sie herausfinden, dass es für Sie einfach nicht hinhaut, dann können Sie nach Hause kommen und müssen mit Ihrem sesshaften Leben nicht wieder bei null anfangen. Das ist natürlich nur dann eine Option, wenn die Mieteinnahmen ausreichen, um einen möglicherweise bestehenden Kredit und alle Reparatur- und sonstigen Kosten zumindest zu decken, Sie einen vertrauenswürdigen Freund haben, der es nicht als Belastung empfindet, das Ganze für Sie zu managen, oder der zumindest gelegentlich ein Auge auf die Hausverwaltung hat, und Sie darüber hinaus für Ihre Reise nicht auf eine größere Geldsumme angewiesen sind, die Sie durch den Verkauf der Immobilie erzielen könnten. Eine weitere Voraussetzung ist, dass Sie jederzeit genau dann wieder in Ihre Wohnung oder Ihr Haus einziehen können, wenn Sie das wollen.

Wenn Sie Ihr Zuhause behalten und unbesorgt abreisen können, dann haben Sie es gut. Ich hätte es auch so machen können, habe mich aber dagegen entschieden. Für mich war es beim Bruch mit dem sesshaften Leben wichtig, mich von allen Fesseln, Einschränkungen und Verbindlichkeiten zu befreien. Der Verkauf meiner Wohnung und die Abzahlung meines Kredits waren für mich das Beste, was ich tun konnte. Ich mag keinen Gewinn beim Verkauf erzielt haben (mein Kredit lief erst seit vier Jahren), doch das Freiheitsgefühl, das ich bei der Übergabe der Schlüssel an den Makler empfand, war erheblich. Ich möchte allerdings ergänzen, dass ich nicht mein Elternhaus verkauft und mit meiner Wohnung auch keine sentimentalen Gefühle verbunden habe. Wer das tut, der wird es mit diesem Schnitt schwerer haben.

Ich wünschte, ich wäre bezüglich meiner persönlichen Sachen genauso entschlossen gewesen. Doch aufgrund meiner mangelnden Erfahrung habe ich beim Aufbruch zu meiner ersten Reise tatsächlich das Bügelbrett behalten, ebenso wie die Schlafzimmermöbel sowie Töpfe und Pfannen. Ich hatte eine drei Quadratmeter große Lagermöglichkeit gefunden, die ich mit meinem Zeug vollstopfte. Einmal im Jahr habe ich dann zehn Minuten darauf verwendet, die Lagergebühr von 2000 Dollar zu überweisen, um es zu behalten. Die Bequemlichkeit und der Komfort haben mich geködert, und ich habe das Einlagern nie als große Belastung empfunden. Als ich das nächste Mal heimflog, um meine Familie zu besuchen und alles zu verscherbeln, waren drei Jahre vergangen, und ich konnte mich an das meiste des eingelagerten Zeugs ums Verrecken nicht mal mehr erinnern.

Während ein Teil von mir denkt, dass ich mit 6000 Dollar die Kosten für ein ganzes Reisejahr »verschwendet« habe, sagt mir ein anderer Teil, dass ich damals auf diese Weise einen Schnipsel meines alten Lebens aufgehoben habe, der mir Zeit verschafft hat, den Gedanken des Reisens auf unbegrenzte Zeit zu verinnerlichen. Im Rückblick ist mir klar geworden, dass ich den Mut zum Loslassen und Losfahren auch der Tatsache verdanke, dass ich damals nicht alles weggegeben habe, was sich bis dahin in meinem Leben angesammelt hatte. Nicht jeder Nomade setzt sich mit dem bewussten Vorsatz in Bewegung, für mindestens ein Jahrzehnt unterwegs zu sein. Einige von uns müssen sich vielleicht Schritt für Schritt befreien. Wenn Sie schon beim Gedanken an das Auflösen aller jemals angeschafften Güter in Schnappatmung verfallen, dann könnte Sie der Durchstart in kleinen Schritten beruhigen.

Sich selbst von materiellen Besitztümern zu befreien, ist eine erlösende Erfahrung. Es mag sein, dass die Vorstellung, mit 40 ohne Haus, ohne Aktien oder Rentenpapiere, ohne Pensionsfonds und mit einem nicht sehr gesunden Bankkonto dazustehen, für den einen oder anderen der schlimmste Albtraum wäre. Für mich ist es **die** persönliche Leistung, auf die ich am stolzesten bin.

Ich meine es wirklich so. Ich musste hart dafür arbeiten, nichts zu besitzen! Ich habe zwar, was materiellen Wohlstand angeht, wenig vorzuweisen, doch

**Die Essenz lautet:
Mein Leben gehört mir.**

was immer ich tue, es ist meine Zeit, meine Freiheit und meine Wahl. Und genau dafür habe ich den Besitz von allem anderen aufgegeben.

Reisen, aber wohin?

Es wird sehr oft viel Zeit und Energie darauf verwendet, das erste Reiseland festzulegen. Die naheliegendste Entscheidung wäre ein langsamer Start vom Heimatland aus. Die allmählichen Veränderungen von Landschaft und Kultur lassen den Sinnen Zeit, sich an die Flut neuer Eindrücke zu gewöhnen und damit zurechtzukommen. Jeder, der bei seiner ersten Fernreise gleich nach Indien geflogen ist, wird das bestätigen. Wenn Sie in einer heimeligen bayerischen Kleinstadt aufgewachsen sind, in der alles seine Ordnung hatte und die Straßen so sauber waren, dass man die Bratwurst vom Gehweg hätte essen können, dann könnte Sie das Eintauchen in eine total chaotische Welt mit einer Milliarde Inder schlicht und ergreifend überfordern. Sie wären nicht der Erste, der gleich nach dem ersten Tag Zuflucht im Hotel in Delhi sucht, um von dort den erstbesten Flug zurück nach Hause zu nehmen. Für viele war die Reise nach Indien die erste und letzte, die sie je gemacht haben. Um zu vermeiden, dass es Ihnen ähnlich ergeht, sollten Sie die Reise locker und die Steigerung der kulturellen Herausforderungen schrittweise angehen.

Allerdings ist ein langsamer, bedachter Anfang auch nicht jedermanns Sache. Wenn Sie sich selbst gut genug kennen und es genießen, wenn man Sie im Schwimmbad auf der tiefen Seite ins Wasser schubst, dann wagen Sie den großen Sprung und erlauben Sie Ihren Sinnen zu explodieren. Nachfolgend finden Sie ein paar erprobte Anregungen, wie Sie Ihr erstes Zielland ermitteln können.

Vertrautheit

Genauso wenig wie Sie den Mount Everest besteigen würden, wenn der einzige bis dahin von Ihnen erklommene Berg Ihr Hausdach gewesen wäre, würden Sie Ihre Langzeitreise mit einem Flug in die – einfach einmal als Beispiel gewählt – Demokratische Republik Kongo beginnen.

Als ich den Vertrag für meinen ersten Job als Reiseleiterin unterschrieben hatte, bat ich darum, nach Südamerika geschickt zu werden, da ich diese Region als meine zweite Kultur ansah. Ich war in Sydney mit einer Truppe toller Mädels mit lateinamerikanischen Wurzeln aufgewachsen. Mein Spanisch war passabel, meine Liebe und mein Verständnis für die Kultur ausgeprägt und meine Leidenschaft für die Küche fast schon religiöser Art. Obwohl ich noch niemals in Südamerika gewesen war, wusste ich, dass es mich nicht umhauen würde. Das hat prima funktioniert.

Wenn Ihnen auch nur ein bisschen bange bei der Suche nach dem ersten Land ist, dann könnte es eine gute Idee sein, einen Ort zu wählen, über den Sie schon **etwas** wissen. Egal, was es ist.

Ihr Traumziel

Jeder hat diesen einen Ort im Kopf, dieses eine Land, von dessen Besuch er ein Leben lang träumt. Für mich war das Afrika. Ich habe meine gesamte Kindheit damit verbracht, mich von *National-Geographic*-Dokumentationen hypnotisieren zu lassen. Seitdem hatte ich herumgesponnen, wie ich die Kalahari erkunde, einsam lebenden Nomadenstämmen begegne und fasziniert dem Beutezug eines Löwen in der versengten Steppe der Serengeti zusehe.

Meine erste Reise nach Afrika war eine herbe Enttäuschung, was mir beinahe meinen Abenteuergeist geraubt hätte. Und aus genau diesem Grund empfehle ich Ihnen, zuerst und vor allem Ihr Traumziel anzusteuern. Warum? Weil es auf diesem Planeten ohnehin keinen Ort gibt, der den fantastischen und lebenslang gehegten Erwartungen entsprechen kann. Vielleicht sollte das auch kein Ort tun. Afrika ist, was es ist. Doch die unerträgliche Hitze, die direkte Begegnung mit der Armut und der völlig anderen Mentalität waren nicht das, was ich mir für mein »Jenseits von Afrika«-Erlebnis vorgestellt hatte. Viele Jahre später kehrte ich auf den Schwarzen Kontinent zurück, um dort als Reiseleiterin zu arbeiten; dieses Mal kam ich ohne rosarote Brille und meine romantischen Vorstellungen von dem, was ich finden **wollte**. Ich konzentrierte mich nur auf das, was da war. Ich lernte, mich am ehrlichen Gesicht Afrikas statt am bunten Kente-Tuch zu erfreuen, das ich einst unbeabsichtigt darübergeworfen hatte.

Wenn man bedenkt, dass Langzeitreisen ein gesundes Maß an entzauberten Vorstellungen mit sich bringen, dann rate ich Ihnen, zuerst die offensichtlichsten Enttäuschungen aus dem Weg zu räumen. Sie werden dann offen dafür sein, die Welt als das zu erleben und zu schätzen, was sie ist, und nicht als Produkt Ihrer überbordenden Fantasie. Sie werden erstaunt sein, wenn Sie entdecken, dass die Realität Ihre wildesten Hirngespinste manchmal sogar noch überflügelt.

Erfahrene Reisende wissen, dass die Welt dazu da ist, uns zu formen, nicht andersherum. Lassen Sie daher am besten alle Vorurteile und vorgefassten Meinungen hinter sich.

In winzigen Schritten

Ich kann mir die erfahrenen Reisenden schon vorstellen, die beim Lesen des folgenden Absatzes mit den Augen rollen werden. Ignorieren Sie sie einfach. Wenn sie die Botschaft nicht verstehen, dann sind sie offensichtlich schon zu lange unterwegs und haben vergessen, wie es ist, wenn man sich zum ersten Mal auf den Weg in die weite Ferne macht.

Wenn Sie zögern, allein in die Welt hinauszuziehen: Warum schließen Sie sich nicht einer zwei- bis dreiwöchigen Tour an, um auf Kurs zu kommen? Als Reiseführerin weiß ich, dass viele unabhängige Langzeitreisende zunächst mit einer Gruppe unterwegs waren, um mehr Selbstsicherheit zu gewinnen, und erst danach solo weitergereist sind. Ich war eine von ihnen! Hat man einmal entdeckt, dass es gar nicht so schwer ist, Grenzen zu überschreiten, mit anderssprachigen Menschen zu kommunizieren und die eigene Reise ohne Hilfe zu organisieren, dann ist man ausreichend kompetent, es allein zu schaffen.

Das Wagnis teilen

Wenn Sie allein sind, dann suchen Sie sich einen Wegbegleiter. Das hilft ungemein, die Reise langsam angehen zu lassen und das eigene Selbstbewusstsein zu stärken. Doch diese Möglichkeit, sollte sie nicht von Anfang an nur für eine kurze Zeit gedacht sein, kann durchaus ihre ganz eigenen Herausforderungen bergen. 24 Stunden am Tag und sieben Tage die Woche immer zusammen zu sein und die Intimsphäre mit einem Kameraden zu teilen, kann aufreibend sein. Auf der anderen Seite gibt es nichts Besseres, falls man krank wird, Probleme auftauchen oder man in eine gefährliche Situation gerät. Die Last mit jemandem zu teilen, macht vieles leichter.

Eine Frage des Alters

Ob Sie es nun mögen oder nicht: Unser eigenes »Betriebssystem« ermüdet mit der Zeit, entwickelt bestimmte wiederkehrende Fehler und wird gegenüber Viren anfälliger. War einst eine lange Nacht Schlaf der perfekte »Control-alt-delete«-Knopf für einen Neustart des Körpers, funktioniert die Hardware von 60-Jährigen einfach nicht mehr auf diese Weise. Man braucht nun Tage, um sich von einer langen Partynacht oder einem strapaziösen Trek im Himalaya zu erholen. Das bedeutet natürlich nicht, dass Sie bestimmte Orte meiden sollten, nur weil Sie keine 20 mehr sind. Es gibt durchaus einige außergewöhnliche Menschen, die den Gipfel des Mount Everest mit 60 oder gar 70 Jahren erklommen haben. Tatsache bleibt aber, dass extreme Touren einem Jüngeren leichter fallen. Falls Sie also erst 20 sind, achten Sie auf die Reihenfolge Ihrer Unternehmungen. Fangen Sie mit dem höchsten Schwierigkeitsgrad an, und sparen Sie sich den Strand bis zum Schluss auf … natürlich einen Strand an der Côte d'Azur und nicht bei Berbera in Somaliland.

Im Allgemeinen gelten Langzeitreisen durch Europa, Australien und Nordamerika als am wenigsten anstrengend. Südamerika und Asien halten für Menschen, die bereits im fortgeschrittenen Alter sind, einige nervige Hürden bereit, während Afrika, meiner Meinung nach, am anspruchsvollsten ist. Nicht einmal das hermetisch verschlossenste und mit allem Komfort ausgerüstete Wohnmobil kann Sie vor allen komplizierten Problemen bewahren, die dieser rätselhafte Kontinent bereithält.

Ich habe extreme Temperaturen und das Campen unter unwirtlichen Bedingungen in den vergangenen Jahren lediglich als lästig empfunden. Heute aber ist es mir überhaupt nicht mehr peinlich zuzugeben, dass ich allerlei Anstrengungen unternehme, um so etwas zu vermeiden. Nachdem ich nun die 40 überschritten habe (gerade erst!), weiß ich es zu schätzen, regelmäßig heiß duschen und den Winter im Warmen verbringen zu können. Ein Jahrzehnt auf Wanderschaft kann einen Menschen derart verändern.

...

Niemand wird jemals als abgehärteter, perfekter Nomade geboren. Ich glaube zwar, dass Belastbarkeit, Geduld und Scharfsinn (die drei zum Lösen von Problemen notwendigen Charakterzüge) angeborene Eigenschaften sind, doch es bedarf jeder Menge Erfahrung und Erleben, um sie zu perfektionieren. Diese in vertrauter Umgebung oder zusammen mit einem Begleiter zu sammeln, wird den Auftakt zum Leben auf Reisen viel leichter machen.

Wie auch immer Sie Ihre Entscheidung angehen und egal wohin Sie zuerst reisen: Lassen Sie niemals die Angst bestimmen. Denn genau das Überwinden der Furcht wird Ihnen die Freiheit bringen, Ihr Leben so zu ändern, dass Sie dann auch tatsächlich losziehen können.

Reisen, aber wie?

Vielleicht haben Sie schon eine Idee, wie Sie reisen wollen. Wie wird es sein, mit dem Wohnmobil, dem Motorrad oder dem Fahrrad? Vielleicht träumen Sie auch davon, die Welt mit einem Traktor, einem Gyrokopter, einem E-Bike oder auf dem Rücken eines Pferds zu erobern? Fakt ist: Egal von welchem verrückten und wundervollen Reisestil Sie träumen, es besteht immer eine gute Chance, dass schon früher jemand daran gedacht und es tatsächlich auch gemacht hat.

Chris und ich sind oft gefragt worden, warum wir uns bei unserer Reise 2012 für Motorräder entschieden haben. Für mich war das Motorradfahren das Einzige, was ich noch nicht ausprobiert hatte. Es erschien mir als lustige Herausforderung. Das ist auch schon alles. Es gab keinen tieferen Sinn, nur den Wunsch, etwas Neues auszuprobieren. Ich bin mit dem Rucksack auf dem Rücken durch Europa gereist, habe Südamerika und halb Afrika auf einem 16-Tonnen-Truck

Man muss einen Reisestil nicht neu erfinden, um eine einzigartige Reise zu erleben.

durchquert und bin mit Chris in seinem umgebauten Landy durch Nordafrika und den Mittleren Osten getuckert. Wenn man bedenkt, dass ich gegen Tierquälerei bin (ich mag das Reiten rund um die Welt vielleicht ja genießen, doch wer sagt, dass es dem Pferd genauso geht?) und auch kein großer Fahrradfan bin (warum, um Himmels willen, sollte man in die Pedale treten, wenn man einfach nur am Gasgriff drehen muss?), stellte das Motorradfahren die beinahe einzige noch verbliebene Möglichkeit für mich dar. Abgesehen vom Segeln auf den sieben Weltmeeren, doch das mache ich vielleicht als Nächstes!

Bevor nun ein Überblick der zahlreichen verschiedenen Reisemethoden folgt, gibt es noch einige Punkte zu bedenken, ehe Sie Ihre endgültige Entscheidung treffen, die im Übrigen ja niemals **wirklich** endgültig sein muss.

Es macht keinen Unterschied

Ein weiser Vagabund hat einmal gesagt: »Das Vergnügen einer Reise ist nicht vom Fahrzeug oder vom Reisestil, sondern vom Individuum abhängig.« Klar, das war mein Chris. Natürlich sollten Sie die gewählte Reiseart mögen, doch Sie sind unterwegs auf einer Reise, die Ihr Leben verändern wird, egal wie Sie sich fortbewegen. Fragen Sie Langzeitreisende nach der besten Methode, werden Sie höchstwahrscheinlich hören, dass seine bzw. ihre die beste ist. Subjektiv betrachtet, haben sie alle Recht. Wenn das Langzeitreisen zu Ihnen passt, dann werden Sie eine Leidenschaft für die Art entwickeln, die Sie letztendlich wählen.

Bedeutet das nun, dass Sie sich wahllos und ohne großes Nachdenken für eine Reiseart entscheiden sollten? Ganz so einfach ist es nicht. Auch wenn die Machbarkeit im Vergleich zum Stellenwert der Leidenschaft meist schnell in den Hintergrund tritt, sollte man sie nicht ganz außer Acht lassen. Dinge wie das Budget, technisches Know-how, Fitnessgrad, Alter und Erfahrung sollten schon eine Rolle spielen. Aber Moment mal: Die Logik kann Sie in die Irre führen! Einigen mag die Vorstellung, ohne jede Fahrerfahrung mit dem Motorrad um die halbe Welt ziehen zu wollen, tollkühn erscheinen. Denn es besteht durchaus die Gefahr, dass Sie es überhaupt nicht hinkriegen und es Ihnen wenig Spaß macht.

Ich selbst hatte kaum einmal etwas Größeres als eine Vespa gefahren, bevor ich Deutschland mit meiner BMW F650 verlassen habe. Aber ich habe bewiesen, dass man auch ein großes Wagnis eingehen kann, wenn man sich selbst nur gut genug kennt. Jeder Mensch mit Erfahrung ist einfach ein Anfänger, der nicht aufgegeben hat. Ich bin zuvor keine geübte Motorradfahrerin gewesen, doch ich hatte unbedingt die Absicht, während der Reise eine zu werden. Je kompetenter ich wurde, desto mehr genoss ich die Fahrt. Schon nach ein paar Wochen war ich geschickt genug, um mich nicht mehr nur auf das Meistern der engen Serpentinenkurven konzentrieren zu müssen, sondern konnte gleichzeitig auch die Landschaft genießen. Es hat sich ausgezahlt, das Risiko einzugehen. Natürlich bin ich hin und wieder auch gestürzt (bisher 57-mal), doch wer zählt schon mit, mal abgesehen von meinem Statistikfan Chris?

Sie können jeden Stil zu Ihrem machen

Sehnsucht und Entschlossenheit werden Sie zu allem machen, was nötig ist. Sie wollen in einem Land Rover oder einem Land Cruiser um die Welt fahren, haben aber keine technischen Vorkenntnisse? Machen Sie sich keine Sorgen, Sie werden sie unterwegs sammeln. Sie glauben, dass Sie nicht fit genug für eine Reise mit dem Fahrrad sind? Ich wage zu prophezeien, dass Sie es binnen weniger Monate sein werden! Sie denken, dass Sie irgendwann in einem Entwicklungsland keine öffentlichen Transportmittel mehr sehen können? Nichts wird Sie davon abhalten, auch später noch ein Auto zu kaufen. Ihr zukünftiges Leben ist ja nicht in Stein gemeißelt.

55

In den letzten zehn Jahren habe ich meinen Reisestil dreimal geändert. Ich würde mich nicht unbedingt als Bikerin oder Allrad-Enthusiastin bezeichnen. Ich bin vor allem eine Reisende, und die von mir gewählte Beförderungsart dient hauptsächlich dazu, mich von A nach B zu bringen. Und nun folgen die vier beliebtesten Reisearten samt allen Vor- und Nachteilen.

Mit dem Rucksack

Rucksackreisen waren einst die Domäne der jungen und genügsamen Leute. Doch aufgrund der globalen Wirtschaftskrise und anhaltender Unsicherheiten sind sie inzwischen zur beliebtesten Reiseart überhaupt geworden. Man könnte annehmen, dass es sich dabei um die mit Abstand günstigste Art des Reisens handelt, weil zum Beispiel keine Unterhaltskosten für ein Fahrzeug anfallen. Doch das stimmt nur dann, wenn man fast ausschließlich in freier Natur campt. Das Rucksackbudget kann es leicht mit dem eines Wohnmobilreisenden aufnehmen, der stets seine eigenen Mahlzeiten kocht und sein Fahrzeug in den Nächten kostenlos abstellt.

Vorteile: Erleichtert Kontakte und den Austausch mit den Einheimischen; ob das nun ein mehrstündiges Gespräch mit dem jungen Typen ist, der während der Busfahrt neben einem sitzt, oder der alte Bauer, der einen bis in die nächste Stadt mitnimmt. Allerdings glaube ich persönlich nicht, dass Interaktionen von der Reiseart abhängig sind. Ihre Bereitschaft, Kontakte zu knüpfen, ist die Hauptantriebskraft dafür, mit jenen ins Gespräch zu kommen, denen Sie auf Ihrem Weg begegnen, ob Sie nun im Wohnmobil jemanden mitnehmen oder als Tramper selbst mitgenommen werden. Wenn Sie zu

Fuß unterwegs sind, dann haben Sie auch die Möglichkeit, Ihrer Lieblingsjahreszeit rund um den Globus nachzujagen, von Last-Minute-Angeboten zu profitieren und ein Land sofort zu verlassen, wenn Sie es wollen. Obwohl Sie vermutlich viel Zeit in Hostels verbringen werden, haben Sie immer die Möglichkeit, in der Wildnis zu campen. Sie müssen nur ein kleines Zelt und einen Schlafsack einpacken, dazu ein Paar Schuhe und einen Satz Unterwäsche, und schon gehört die Welt Ihnen … zumindest wird es sich so anfühlen.

Nachteile: Es kann ziemlich lästig, sogar ärgerlich und zeitaufwendig sein, sich in Entwicklungsländern auf öffentliche Verkehrsmittel verlassen zu müssen. Und es kann zunehmend ermüdend werden, die eigenen Habseligkeiten auf dem Rücken zu tragen, besonders dann, wenn Sie Ihren physischen Zenit bereits überschritten haben. Ich persönlich habe es als frustrierend empfunden, dass man sich eigentlich total unabhängig wähnt und tatsächlich viel Zeit damit verbringt, genau das Gegenteil davon zu sein. Weil die Reisen von Rucksackglobetrottern zumeist von der Zuverlässigkeit des Transportwesens, von verfügbaren Unterkünften und dem Wetter abhängig sind, gibt es einfach recht viel, über das man keine Kontrolle hat. Ich mochte es auch nicht, dass ich nicht längere Zeit campen und selbst kochen konnte, da es einfach nicht möglich ist, einen Campingkocher, ein Zelt und dazu noch Lebensmittel und Wasser für viele Tage einzupacken, geschweige denn diese Last auf dem Rücken zu tragen! Rucksackreisen können viel Spaß machen, doch ich habe bis heute keinen motorisierten Globetrotter getroffen, der wieder zum Rucksackreisen zurückgekehrt ist, weil er es lieber mag.

Mit dem Fahrrad

Ich habe im Laufe der Jahre viele Reisende getroffen, die mit dem Fahrrad unterwegs waren. Eine Sache hatten sie alle gemein, nämlich eine tiefe und absolute Leidenschaft für den Radsport. Ich glaube, diese ist bei Reisen mit dem Fahrrad noch wichtiger als bei allen anderen Reisearten. Ich selbst würde in einer Million Jahre nicht mit dem Fahrrad um die Welt fahren, was, so nebenbei erwähnt, vermutlich auch die Zeit wäre, die ich dafür brauchen würde. Natürlich ist man mit dem Rad schneller unterwegs als ein Fußgänger. Doch wenn ich daran denke, wie hart es ist, mit dem Motorrad bei –20 °C oder 45 °C Grad unterwegs zu sein, dann kann ich nur erahnen, wie unglaublich schwer das erst mit einem Fahrrad sein muss, auf dem man sich selbst abstrampelt. Was sollte der Grund sein, so etwas zu tun? Es gibt keinen, sagten mir alle, die ich danach gefragt habe. Und das ist gerade das Schöne daran. Sie lieben einfach das Radfahren und alles, was es mit sich bringt.

Vorteile: Das Überwinden großer Entfernungen aus eigener Kraft zählt zu den befriedigendsten Gefühlen der Welt. So jedenfalls hat man es mir erzählt. Einen steilen Pass zu überwinden und jeden Tag mit der Erkenntnis zu beenden, dass man **selbst** derjenige ist, der einen ans Ziel gebracht hat, macht euphorisch. Der Friede und die Stille beim Radfahren durch die Natur, wobei mich selbst mein Geschnaufe nerven würde, die gesundheitlichen Vorteile und die geringere Umweltbelastung sind klare Vorteile. Fahrräder kann man in verstopften Städten gut abstellen, auch die Treppe bis ins Hostelzimmer hinauftragen und mit wenig Aufwand in Schuss halten.

Nachteile: Während Radfahrer am Tag etwa die gleiche Entfernung wie Chris und ich durchschnittlich mit dem Motorrad zurücklegen können, benötigen sie dafür den ganzen Tag, während wir nur ein paar Stunden unterwegs sind. Eine weitere Schwierigkeit entsteht beim Durchqueren großer Länder, die nur zeitlich sehr begrenzte Visa ausstellen. Das gilt (aktuell) beispielsweise für den Iran. 2000 Kilometer legt man mit dem Fahrrad nicht mal so eben in 14 Tagen zurück. Und wenn man das doch hinbekommt, dann sieht man vom Gastland kaum mehr als den Straßenbelag. Ich sollte vielleicht ergänzen, dass ich zwar schon motorisierten Nomaden begegnet bin, die seit Jahrzehnten unterwegs sind, aber noch niemals einem Radfahrer, der vorhatte, ad infinitum in die Pedale zu treten. Sie alle folgten einer zuvor festgelegten Route (rund um die Welt, von Alaska nach Ushuaia, von Südafrika nach London) mit begrenzter Reisedauer.

Mit dem Motorrad

Ich kann die Vorzüge, die Welt vom Motorrad aus zu erleben, gar nicht hoch genug preisen, obwohl es zeitweise auch sehr anstrengend sein kann. Mit Pixie, meiner geliebten BMW, unterwegs zu sein, ist bislang meine größte Reiseherausforderung, aber auch eine der bereicherndsten.

Vorteile: Das Leben kann kaum besser sein, als wenn man an einem herrlichen Frühlingstag mit dem Motorrad über eine spektakuläre Straße fährt. Ähnlich den Radfahrern, kann man sich dabei den Weg durch ein Land erschnuppern. Das hatte ich zuvor im Truck und im Land Rover so nie erlebt. Mit einem Motorrad kann man darüber hinaus auch abgelegene Ecken erkunden, die man mit einem Campmobil gar nicht

erst erreichen würde, unabhängig davon, ob es einen Allrad-
antrieb hat oder nicht. Alles, was breiter als ein kleiner Trampelpfad ist, bietet dem Motorrad eine faire Chance. Daher
hat man Zugang zu absolut überwältigenden Buschcamps.
Das ist aus meiner Sicht der größte Vorteil von allen. Auf
einem Motorrad kann man mehr Proviant transportieren als
jeder Backpacker oder Radfahrer; daher kann man als Selbst-
versorger über längere Zeiträume in der Wildnis bleiben. Zu
guter Letzt sind die Kosten niedriger als für jeden anderen
motorisierten Nomaden, wenn Sie nicht gerade mit meiner
alten Vespa auf die Reise gehen wollen.

Nachteile: Um es gleich vorwegzunehmen, Motorradfah-
rer sind von der Gnade der Wettergötter abhängig. Ob Hitze,
Kälte, Wind oder Luftfeuchtigkeit, das werden Sie **alles** spüren. Wie ich oft sage: Es gibt nichts Schöneres, als an einem
herrlichen Tag mit dem Motorrad unterwegs zu sein, aber
auch nichts Schlimmeres als eine Fahrt an einem wirklich
scheußlichen. Ich erinnere mich noch sehr gut an einen höllischen Nachmittag an der italienischen Riviera im Januar
2013. Es hatte unaufhörlich geregnet und war bitterkalt. Nach
nur zwei Stunden auf dem Motorrad war ich durchnässt. Meine Stiefel waren gefroren, meine Füße steif wie ein Brett, und
es kostete mich alle Kraft, wegen meiner heftigen, unkontrol-
lierbaren Krämpfe nicht in jeder Kurve hinzuknallen. Es war
nahezu unmöglich, den Regen von meinem Visier zu wischen,
weil ich nicht mehr Herr meine Hände war. Sie waren zwar
noch da, denn ich konnte sie ja sehen, aber ich will verdammt
sein, wenn ich sie noch hätte **fühlen** können! Ich war davon überzeugt, Dantes Qualen im Fegefeuer zu erleiden. Ich
habe an diesem Tag buchstäblich nach unserem Land Rover
Matilda gebrüllt. Sie werden ein Wohnmobil nie mehr schätzen als nach einer solchen Erfahrung auf einem Motorrad.

Was noch? Die Wartungs- und Unterhaltungskosten für ein Motorrad sind niedriger als die für ein vierrädriges Fahrzeug. Doch allein schon die Tatsache, dass die Kosten überhaupt entstehen, sollte als Nachteil gewertet werden.

Mit dem Reisemobil oder einem umgebauten Truck

Reisemobile gibt es in allen erdenklichen Formen und Größen und zu beinahe jedem Preis. In meinen Augen ermöglichen sie die komfortabelste Art der Langzeitreise. Über ein eigenes Haus auf Rädern zu verfügen, ist einfach unbezahlbar, obwohl es auch ziemlich kostspielig sein kann. Mit Blick auf die Sprit-, laufenden Unterhalts- und Reparaturkosten kommt diese Art des Reisens vor allem für diejenigen infrage, die über etwas mehr Geld zum Ausgeben verfügen. Wie wir aber selbst herausgefunden haben, muss es nicht sehr viel teurer sein, mit einem Reisemobil unterwegs zu sein als mit zwei Motorrädern. Solange man nicht große Entfernungen in kürzester Zeit zurücklegt, lässt sich das Budget durchaus überschaubar halten.

Vorteile: Sicherheit, Geborgenheit und Komfort sind die großen Vorzüge des Reisens im Wohnmobil. Man kann sich in seine eigene kleine Welt zurückziehen, was in Ländern wie Indien oder Äthiopien ein Geschenk des Himmels ist, da dort das Interesse der Einheimischen an Fremden selbst für erfahrene Globetrotter äußerst nervenaufreibend sein kann. Bei extremen Wetterverhältnissen freut sich jeder über ein Dach über dem Kopf. Und da man aufgrund der größeren Ladekapazität viel mitnehmen kann und auch mehr Treibstoff, Lebensmittel und Wasser dabeihat, steht auch einem

61

längeren Aufenthalt in freier Wildbahn nichts im Wege. Falls Sie einen großen Kühlschrank mit jeder Menge kaltem Bier an Bord haben, dann werden Sie vielleicht auch nie wieder zurückkommen wollen, höchstens zum Nachfüllen …

Nachteile: Je größer das Fahrzeug wird, desto mehr Probleme werden Sie auf schmalen, gebirgigen Straßen und engen Pfaden in dichter Vegetation bekommen. Wenn Sie mit einem Fahrzeug unterwegs sind, das nur über Zweiradantrieb verfügt, dann sind Ihre Möglichkeiten noch begrenzter. Chris' Landy ist ein ganz normales Allradfahrzeug mit einem hohen Dachaufbau, mit dem wir auch abseits der ausgetretenen Pfade unterwegs sein konnten. Aber das ist nichts im Vergleich zu den Orten, an die uns unsere Motorräder Puck und Pixie getragen haben. Das ist die größte Schattenseite am Reisen mit einem Wohnmobil. Und lassen Sie uns nicht die hohen Kosten für Unterhalt und Wartung von größeren Fahrzeugen und die beträchtlichen Ausgaben außer Acht lassen, die für die Anschaffung zunächst einmal anfallen. Andererseits wird man eine solche Investition später in den seltensten Fällen bedauern. Wenn Ihr Budget klein ist, Sie aber partout auf vier Rädern um die Welt reisen möchten, dann sollten Sie über ein günstiges Gebrauchtfahrzeug nachdenken. Chris' Land Rover Matilda zum Beispiel hat nur wenige Hundert Euro gekostet – ein Bruchteil dessen, was ein neues Fahrrad kosten kann!

Was noch zu bedenken ist

Sie wissen immer noch nicht, wie Sie reisen wollen? Waren das jetzt zu viele Informationen, die Sie nun erst einmal verdauen müssen? Tut mir leid, aber wir sind noch nicht fertig!

Wenn Sie ernsthaft in Betracht ziehen, mit einem Fahrzeug zu reisen, dann bleiben Sie dran und lesen auch das nächste Kapitel, in dem noch zahlreiche Empfehlungen stehen.

Es wäre sicherlich nicht verkehrt, einige Alternativen vor Ihrer endgültigen Entscheidung auszuprobieren. Erwägen Sie das Mieten eines Wohnmobils und gehen Sie damit für einige Wochen auf Probereise. So können Sie herausfinden, ob diese Art des Reisens Ihrem Stil entspricht. Alternativ können Sie sich auch einen Rucksack auf den Rücken schnallen und die Sache einmal zu Fuß angehen. Vergessen Sie nicht, dass Sie nach ein paar Monaten immer noch aufrüsten und auf zwei oder vier Räder umsteigen können, wenn Sie nicht zum Backpacker geboren sind. Im Allgemeinen ist es einfacher, ein Auto im Ausland zu kaufen, als es dort zu verkaufen. Vor allem, wenn Sie ein Carnet de Passage haben und die dafür hinterlegte Bankbürgschaft nur dann erstattet bekommen, wenn Ihr Fahrzeug auch wieder in Ihrer Heimat ankommt, kann der Verkauf schwierig werden. Und nun wünsche ich Ihnen … einen fröhlichen Entscheidungsprozess!

Die Besonderheiten des Overlandings

Im Englischen steht der Begriff »Overlanding« für eine Überlandreise, bei der der Weg und nicht das Ziel im Mittelpunkt steht. Der Ausdruck ist vermutlich im frühen 19. Jahrhundert in Australien entstanden, als Viehzüchter nahezu unvorstellbar große Rinderherden über große Distanzen trieben, um sie von ihren Weiden auf die städtischen Märkte zu bringen. In meiner Heimat Australien findet sich die längste historische Overlandroute der Welt, die Canning Stock Route.

Die 1850 Kilometer lange Canning Stock Route zählt zu den größten Offroad-Herausforderungen der Welt. Jeder Overlander, der es mit ihr aufnimmt, muss sich mit extremer Abgeschiedenheit, unerträglicher Hitze und der Überquerung von mehr als 900 Sanddünen auseinandersetzen.

Diese Welt steckt voller faszinierender Entdeckungen, und nicht jede muss gleich so lebensbedrohlich sein wie die Canning Stock Route, obwohl dermaßen knallharte Strecken natürlich mehr Futter für Lagerfeuergeschichten hergeben. Overlanding soll aber vor allem eines machen, und zwar Spaß!

In den 1960er-Jahren bestand die internationale Gemeinschaft der Overlander überwiegend aus Dreadlocks tragenden, kiffenden Ökofreaks, die sich selbst neue Namen wie River, Spring, Meadow oder Frilly-Princess gaben. Diese harmlosen, unbekümmerten Nomaden wurden von der Mehrheit der Gesellschaft als asoziale, ungewaschene Rebellen ohne Perspektiven betrachtet. Doch diese liberal eingestellte Gemeinschaft hat sich in den letzten Jahrzehnten komplett verändert, mal abgesehen davon, dass sie sich heute so viel bzw. wenig wäscht wie früher. Heutzutage sind Overlander ein unergründliches Gemisch von Menschen aller Gesellschaftsschichten und Kulturen. Egal wie sehr Sie es versuchen werden, es ist beinahe unmöglich, einen Reiseveteranen mit zehn Jahren auf dem Buckel rein äußerlich von einem Neuling, der erst zwei Wochen unterwegs ist, zu unterscheiden.

Das Hauptziel des Overlandings besteht für mich persönlich darin, die Welt Zentimeter für Zentimeter und Kultur für Kultur zu erleben. Ob ich nun nach Australien oder Alaska unterwegs bin, ich denke selten darüber nach, mein Ziel **zu erreichen.** Ich konzentriere mich jeden Tag völlig auf das Hier und Jetzt.

Die Entscheidung, dem Overlanding mit einem Fahrzeug ein eigenes Kapitel zu widmen, habe ich nicht getroffen, weil ich es für die beste Wahl für Langzeitreisende halte, sondern es **die** Möglichkeit von den zahlreichen Alternativen ist, bei der Sie eventuell den einen oder anderen Rat brauchen können. Es gibt dabei viele Faktoren zu berücksichtigen, ganz egal ob Sie bereits ein passendes Fahrzeug besitzen oder Sie dabei sind, eines zu erwerben. Bedenken Sie, dass der **Genuss** Ihrer Reise am Ende des Tages nicht davon abhängt, welche Art von Fahrzeug Sie zu Ihrem künftigen Reisemobil umbauen. Solange es fährt und Sie in die gewünschte Richtung bringt … was mehr könnte man sich wünschen?

Konzentrieren Sie sich jeden Tag völlig auf das Hier und Jetzt.

Und es kommt doch auf die Größe an …

Wer auch immer den Satz »Es kommt nicht auf die Größe an« geprägt hat, ist offenbar niemals mit einem Motorfahrzeug um die Welt gereist. Wenn es um globale Reisen geht, dann macht die Größe einen höllischen Unterschied! Je wuchtiger das Allrad-/Truck-/Wohnmobil-Zuhause und je niedriger seine Bodenfreiheit ist, desto weniger werden Sie damit ins Gelände fahren können. Der Gewinn an Größe wird außerdem von weiteren Nachteilen begleitet. Der Spritverbrauch steigt ebenso exponentiell wie die Kosten für Ersatzteile und anfallende Reparaturen.

Transkontinentale Verschiffung

Es ist keine besonders komplizierte Angelegenheit, ein Auto von einem Kontinent auf den anderen zu bringen, obwohl es viel Zeit verschlingen und teuer sein kann. Overlander-Novizen müssen vor dieser Aufgabe keine Angst haben, denn es gibt definitiv Grenzübergänge auf dem Festland, wie etwa alle, die nach China führen, die wesentlich mehr Kopfschmerzen verursachen, als eine Schiffspassage es jemals könnte. Wie bei fast allen anderen Dingen, die mit dem Vagabundenleben zu tun haben, braucht man auch bei dieser Angelegenheit einfach nur Informationen, Zeit, Geduld – und Bares in der Tasche.

Für die Verschiffung Ihres Fahrzeugs gibt es drei Möglichkeiten: Ro-ro, Container und Lo-lo. Die ersten beiden sind gleichermaßen beliebt und werden von jeweils einigen Vor- und Nachteilen begleitet, während die dritte wie die Pest gemieden werden sollte. Ich erwähne sie auch nur, weil es in einigen Ländern der Dritten Welt einfach keine Alternative dazu gibt. Bei Motorrädern kommt dann auch noch der Luftweg in Betracht, der mittlerweile sehr angesagt ist.

Ro-ro (roll-on roll-off)

Diese Möglichkeit ähnelt einer gewöhnlichen Autofähre: Sie bzw. ein Hafenmitarbeiter kann mit Ihrem Fahrzeug direkt auf das Schiff fahren. Wenn Sie Ihr Fahrzeug in Richtung Hafen steuern, sollten Sie sicherstellen, dass Ihr Sprittank maximal zu einem Drittel gefüllt ist. Gastanks dagegen sollten quasi leer sein. Die Preise für die Verschiffung werden in Kubikmetern berechnet. Darüber hinaus müssen Hafengebühren, Vermittlungsgebühren bei der Buchung über einen Agenten, Gebühren für die Lebensmittelsicherheitsinspektion, Sicherheitsgebühren und Bunkerzuschläge sowie manchmal auch Reinigungskosten bezahlt werden. Die Preise können variieren, doch ich gebe Ihnen zur besseren Vorstellung ein Beispiel: Im Jahre 2014 kostete die Überfahrt von Hamburg nach Halifax etwa 43 Euro pro Kubikmeter. Dazu kamen weitere 400 Euro für die oben erwähnten Extras. Das bedeutet, dass Sie Ihren Land Rover Series III LWB, der zwölf Kubikmeter Platz benötigt, für knapp unter 1000 Euro per Ro-ro über den Atlantik bringen können.

Der große Nachteil dieser Möglichkeit ist, dass Ihr Fahrzeug beschädigt und/oder aufgebrochen werden kann. Da das zumeist beim Be- oder Entladen durch Hafenarbeiter passiert, sollte man sicherstellen, zu diesen Zeiten möglichst anwesend zu sein. Denn schon das eine oder andere Reisemobil ist mit desaströsen Folgen für eine kleine Spritztour rund um den Hafen benutzt worden!

Auf manchen Routen gibt es die Möglichkeit, eine Kabine an Bord des Schiffes zu buchen, das auch Ihr Fahrzeug transportiert. Allerdings ist das weder günstig noch luxuriös, eben einfach keine Kreuzfahrt! Davon einmal abgesehen, kann so eine Ozeanüberquerung mit einem Frachter durchaus ein lohnenswertes Abenteuer sein. Und wenn nicht, dann können Sie zumindest Ihr Fahrzeug im Auge behalten.

Verschiffung per Container

Die Verschiffung mit einem Container ist teurer als mit einem Ro-ro-Schiff, doch mag die höhere Sicherheit die Extrakosten in vielen Fällen rechtfertigen. Ihr Fahrzeug wird in einen Container gefahren, der vom Zoll verschlossen, versiegelt und dann auf ein Schiff verladen wird. Das Schadensoder Diebstahlsrisiko geht daher bei dieser Option beinahe gegen null. Nun ja, sie könnten den Container vermutlich vom Kran fallen lassen oder das Schiff könnte sinken, doch wie hoch sind die Chancen dafür?

Anstatt eine Agentur einzuschalten, kontaktieren Sie die Reederei lieber selbst und organisieren alles allein. Am besten ist es, wenn Sie mindestens drei Monate vor der geplanten Verschiffung Kontakt zur Reederei aufnehmen, um sicherzustellen, dass alle Papiere in Ordnung sind. Wenn Sie im Auslaufhafen ankommen, lassen Sie sich im Büro den Frachtbrief ausstellen, bezahlen die Gebühren, fahren Ihr Fahrzeug in den Hafen und dort in den Container. Stellen Sie dann sicher, dass Sie dabei sind, wenn er verschlossen und mit einer Plombe versiegelt wird.

Geschlossene Container gibt es in drei gebräuchlichen Größen, obwohl nicht in jedem Hafen jederzeit alle Größen verfügbar sind. Verinnerlichen Sie die folgenden Abmessungen, bevor Sie Ihr Reisemobil bauen oder kaufen, denn es hat sich nicht erst ein Langzeitreisender dafür in den Hintern getreten, dass er seinen Wagen gerade einmal zehn Zentimeter zu hoch gebaut hat!

– 20-Fuß-Container (Standard): Innenmaß 5,90 m × 2,35 m, Türhöhe 2,28 m. Die Kosten für die Verschiffung von Hamburg nach Halifax lagen Anfang 2014 zwischen 1200 und 1400 Euro.
– 40-Fuß-Container (Standard): Innenmaß 12,03 m × 2,35 m, Türhöhe 2,28 m. In diesen passen zwei Land Rover mit langem Radstand und einer mit kurzem Radstand hinein. Wenn Sie Leute finden, mit denen Sie sich einen größeren Container teilen können, lassen sich die Kosten von rund 2000 Euro wunderbar reduzieren.

– 40-Fuß-High-Cube-Container: Innenmaß 12,03 m × 2,35 m, Türhöhe 2,60 m. Aufgrund von Matildas Dachaufbau ist dies der einzige Container, in den sie passt. Die Verschiffung mit diesem Container kann doppelt so teuer sein wie mit einem 20-Fuß-Standard-Container.

Wenn Ihr Auto nur ein paar Zentimeter zu hoch ist, dann lassen Sie Luft aus den Reifen und entfernen Sie den Dachgepäckträger oder das Dachzelt. Vielleicht reicht das ja. Besitzer von Fahrzeugen, die nicht in einen 40-Fuß-High-Cube-Container passen, haben immer noch die Möglichkeit, einen oben offenen Container oder ein Flat Rack zu wählen.

Lo-lo (load-on load-off)

Vermeiden Sie diese Option unter allen Umständen, wenn Sie Ihr Fahrzeug nicht gerade so sehr hassen, dass Sie ihm ohnehin einen schnellen, lauten und grausamen Tod wünschen. Lo-lo ist normalerweise die einzige Alternative in sehr kleinen Häfen. Die Prozedur beinhaltet, dass ein Kran Ihr Fahrzeug hochhievt und auf das Deck eines Boots oder Containerschiffs schmeißt. Der Anblick seines Zuhauses, das 20 Meter hoch in der Luft schaukelt und von gleichgültigen Hafenaufsehern umhermanövriert wird, ist oftmals zu qualvoll, um ihn zu ertragen.

Der Luftweg

Motorräder werden heute bevorzugt auf dem Luftweg transportiert. Obwohl das ein bisschen teurer als die Seefracht ist, kann man so viel Ärger und Zeit sparen. Oft können Sie sogar im selben Flugzeug wie Ihr Motorrad fliegen und damit vermeiden, womöglich wochenlang nervös in Häfen herumlungern und Neptun anflehen zu müssen, dass Ihr kostbarer fahrbarer Untersatz in einem Stück ankommen wird. Um

Ihr Motorrad in ein Flugzeug zu bekommen, müssen Sie das Frachtbüro der ausgewählten Fluglinie aufsuchen und sich dann in vielen Fällen um eine maßgeschneiderte Holzkiste kümmern. Hierbei zählt wirklich jedes Teil, das Sie von Ihrem Motorrad abbauen können, denn der Preis wird auf Volumenbasis berechnet. Sind erst einmal das Vorderrad, das Lenkrad und all die anderen herausragenden Teile abgebaut, dann passt eine BMW F650 oder eine Yamaha Ténéré ganz kuschelig in eine Ein-Kubikmeter-Kiste. Diese Möglichkeit ist inzwischen so beliebt, dass oft sogar ganz normale Urlauber mit nur einem Monat Ferien ihre eigene Maschine für ein Offroad-Abenteuer in der Ferne mitnehmen.

Das Thema Sprit

Wenn Sie Ihr Fahrzeug auswählen, dann lohnt es sich, lange und gründlich über den Kraftstoff nachzudenken. Soll es Diesel oder Benzin sein? Diesel ist zwar günstiger, doch auf der anderen Seite ist Benzin der weltweit am meisten verbreitete Kraftstoff. Darüber hinaus geliert normaler Diesel bei etwa –15 °C und verstopft dann Filterelemente und Einspritzdüsen. Nutzt man Winter- oder Arktisdiesel und spezielle Dieseladditive, tritt dieser Effekt erst bei tieferen Temperaturen ein, doch hat man von diesen Mitteln außerhalb von Europa und Nordamerika unglücklicherweise offenbar noch nie gehört. Und auch wenn Sie über Heizelemente für die Kraftstoffleitungen verfügen und diese über Nacht betreiben können, dann liegt das unterste Limit für Diesel immer noch bei –30 °C. Benzin andererseits kann auch bei bittersten sibirischen Wintertemperaturen noch zünden!

Ohne Turbolader gibt ein Dieselmotor in extremen Höhen eine eher erbärmliche Vorstellung ab. Das wurde mir niemals klarer als während meiner Zeit als Reiseführerin, als ich versuchte, mit einem 20 Jahre alten 16-Tonner die Anden zu überqueren. Ich wurde nicht nur von den eigenen Abgasen und einer ziemlich dicken Kuh überholt, sondern meine Passagiere langweilten sich so sehr, dass sie aus dem Lkw sprangen und am Straßenrand Rugby spielten, während ich mich aufwärts schleppte. Sie haben den Bergpass trotzdem vor mir erreicht!

Davon abgesehen, sind Dieselmotoren jedoch simplere Maschinen als Benziner. Sie lassen sich einfacher reparieren und bestehen aus weniger bruchanfälligen Teilen, sind demnach langfristig zuverlässiger und verbrauchen darüber hinaus im Vergleich weniger Sprit. Wenn Sie sich also für einen Diesel entscheiden, dann achten Sie darauf, einen Turbolader zu nehmen. Und was immer Sie tun, versuchen Sie nicht, Magadan im Februar zu erreichen …

TÜV

Die meisten Langzeitreisenden bauen ihr Fahrzeug um, um es dem Reisezweck anzupassen. Leider kann ich Ihnen beinahe eine Garantie darauf geben, dass der TÜV über die meisten dieser Veränderungen ganz und gar nicht glücklich sein wird. Mein Rat: Fangen Sie damit erst an, **nachdem** Ihr Fahrzeug für straßentauglich erklärt wurde! Sobald Sie Ihr Kunstwerk vollendet haben, sollten Sie die Grenze so geräuschlos und unsichtbar wie möglich überqueren, ohne die unerwünschte Aufmerksamkeit der Polizei auf sich zu ziehen. Haben Sie diese überschritten, dürfen Sie jubeln: Sie müssen sich nie wieder im Leben Gedanken über TÜV-Bestimmungen machen, es sei denn, Sie wollen irgendwann wieder mit diesem Fahrzeug nach Deutschland zurückkehren! Denn die Plakette braucht man nicht, um durch Afrika, Asien oder Amerika fahren zu dürfen.

In unserem Fall bin ich mir sicher, dass kein TÜV-Beamter von den zwei genialen Kochtöpfen an Pixies Rahmen begeistert gewesen wäre. Aber wie soll man sonst eine sichere Transportmöglichkeit für seine Campingstühle am Motorrad schaffen?

Kfz-Haftpflichtversicherung und Kfz-Steuer

Von dem Moment an, in dem Sie die Region verlassen, die Ihre grüne Karte abdeckt, ist die Zahlung jedes weiteren Versicherungsbeitrags Geldverschwendung. Als wir die türkische Grenze Richtung Georgien überquerten, haben wir die Versicherungsdeckung verloren. Wir nahmen daraufhin Kontakt mit der deutschen Botschaft in Tbilissi auf und ließen unsere Motorräder von dort aus abmelden. Das ist Teil des Botschaftsservice, man muss nur danach fragen. Damit erlosch auch automatisch unsere Kfz-Versicherung.

Für die Abmeldung müssen Sie Ihre Nummernschilder bei der Botschaft abgeben, dürfen aber sowohl Fahrzeugbrief als auch Fahrzeugschein behalten. Auch wenn Ihr Kfz-Schein mit dem Vermerk »Abgemeldet« versehen wird, ist das kein Grund, sich aufzuregen. Zwar müssen Fahrzeuge in allen Ländern ein Nummernschild haben, doch es ist lediglich wichtig, dass die Nummer mit der übereinstimmt, die auf Ihrem Carnet de Passage (ein Grenzdokument für die vorübergehende Einfuhr von Fahrzeugen) und in den Fahrzeugpapieren vermerkt ist. Planen Sie vorausschauend, und nehmen Sie Ersatzschilder mit. Dass da die TÜV-Plakette fehlt, ist doch egal. Haben Sie das vergessen, können Sie sich immer noch von einem ansässigen Schildermacher robuste Duplikate aus Plastik oder Metall anfertigen lassen.

Es ist absolut legal, dass Ihr Fahrzeug in keinem Land der Welt angemeldet ist, während Sie um den Globus reisen. In einigen Ländern werden bei der Einreise Straßenbenutzungs- und Versicherungsgebühren fällig, während Sie andere völlig kostenfrei hineinlassen. Eine Haftpflichtversicherung ist nicht immer und überall erforderlich und in einigen Ländern der Dritten Welt ohnehin komplett sinnlos. Sollten Sie dort einen Unfall haben bzw. verursachen, werden Sie ohnehin bestenfalls nur ein paar Hundert Dollar bekommen. Ob Sie also an der Grenze eine solche Versicherung abschließen oder nicht, bleibt ganz Ihnen überlassen.

Wenn Sie planen, für einige Jahre nicht nach Deutschland zurückzukehren, dann können Sie jede Menge Geld sparen, wenn Sie Ihr Fahrzeug so schnell wie möglich abmelden, sobald Sie Europa hinter sich gelassen haben. Wenn Sie sich später für eine Rückkehr entscheiden, suchen Sie umgehend ein Versicherungsbüro in irgendeinem Land an der EU-Außengrenze auf, zum Beispiel in Griechenland, Bulgarien oder Polen, und beantragen eine sogenannte Grenzversicherung, auch rosa Police genannt, also eine Haftpflichtversicherung für Fahrzeuge aus Nicht-EU-Staaten, die nur zwölf Monate gültig ist. Sie müssen also Ihren Zielort erreichen, bevor die Police abläuft. Einmal angekommen, beginnen Sie mit der Standardprozedur der Fahrzeuganmeldung – in Deutschland also ab zum TÜV, zur Zulassungsstelle usw. Ich muss wohl nicht extra erwähnen, dass Sie die beiden Kochtöpfe vorher besser entfernen.

Carnet de Passage

Und nun können Sie endlich herausfinden, was um Himmels willen ein Carnet de Passage ist. Dabei handelt es sich um ein international anerkanntes Dokument, das Ihnen die vorübergehende Einreise in ein Land mit Ihrem eigenen Fahrzeug erlaubt, ohne dafür Einfuhrzoll entrichten zu müssen. Es dokumentiert gleichzeitig Ihr Versprechen, dass Sie Ihr Fahrzeug auch wieder ausführen werden und es nicht im Gastland verkaufen, verschenken oder zurücklassen. Dieses Versprechen wird in Form einer saftigen Kaution abgesichert, die auf einem Bankkonto Ihrer Wahl treuhänderisch für Sie verwaltet wird, bis Sie am Ende Ihrer Reise zurückkehren und das Carnet de Passage dem Aussteller vorlegen. Als be- und anerkanntester Anbieter weltweit gilt der deutsche ADAC, der auch nichtdeutschen Staatsbürgern ein Carnet de Passage ausstellt, allerdings mit gewissen Auflagen.

Die aktuellen Gebühren für ein Carnet de Passage sind in Deutschland nicht so wahnsinnig hoch: Zuletzt betrugen sie für Nicht-ADAC-Mitglieder 295 Euro pro Jahr. Die Kaution kann aber astronomische Höhen erreichen, da sie aus einer Mischkalkulation aus dem Wert Ihres Fahrzeugs und den Ländern resultiert, die Sie bereisen wollen. Möchten Sie beispielsweise mit Ihrem 27 000 Euro teuren Land Cruiser in den Iran oder nach Ägypten fahren, müssen Sie 30 000 Euro hinblättern. Mein lieber Schwan! Sollten Sie tatsächlich irgendwo derartig hohe Ersparnisse rumliegen haben, dann können Sie wohl getrost das ganze Kapitel über »Die Höhen und Tiefen der Budgetierung« überblättern. Diesen scheinbar eher nebensächlichen Aspekt bei der Fahrzeugwahl sollten Sie nicht aus den Augen verlieren, denn diese »Kleinigkeit« kann sich später als riesengroß erweisen. Nun glauben Sie aber ja nicht, dass Sie ein ganz schlauer Fuchs sind, wenn Sie den Wert Ihres erstklassigen 250 000 Euro teuren Unimogs mit 1000 Euro angeben. Der ADAC hat Minimumkautionen festgelegt und weist absurd niedrige Schätzungen rigoros zurück!

Auf der anderen Seite ist diese Kaution eine gute Sache, weil Sie auf diese Weise eine finanzielle Sicherheit für die Zeit nach der Rückkehr haben, wenn Ihre Taschen ansonsten gähnend leer sind. Und man bekommt eventuell nicht nur die Kaution zurück. Sollte die Bank die Summe gut verzinsen, dann ist Ihr Polster entweder angewachsen oder hat zumindest die Ausstellungskosten für das jährliche Carnet de Passage abgedeckt.

Automobilclubs in vielen Ländern der Welt bieten ein Carnet de Passage an. Diese Angebote sind recht unterschiedlich, teilweise sogar wesentlich günstiger als das des ADAC. In Großbritannien beispielsweise ist die Kaution recht überschaubar. Dafür erhalten Sie aber nach Ihrer Rückkehr auch nur die Hälfte zurück. Das ist eine gute Option für Reisende, die nicht gerade über riesige Ersparnisse verfügen und denen es nichts ausmacht, die Hälfte der Kaution später zu verlieren. Doch die Sache hat einen Haken: Sie müssen in Großbritannien offiziell ansässig sein, und Ihr Fahrzeug muss britische Nummernschilder tragen. Ich habe viele Langzeitreisende getroffen, die einige Wochen bei Freunden in London verbracht und dann deren Adresse verwendet haben, um sich als ansässig registrieren zu lassen. Anschließend haben sie ein Fahrzeug gekauft, sich ein britisches Carnet de Passage besorgt und sind dann abgereist. Das kann sogar mit der Adresse eines Hostels funktionieren und ist lange nicht so kompliziert, wie sich das im ersten Moment vielleicht anhört. Außerdem ist das ein wunderbarer Test, denn wenn Sie das nicht hinbekommen, dann werden Sie vermutlich auch bei mindestens zwei Dritteln der Grenzübergänge und an anderen bürokratischen Herausforderungen scheitern, die Sie auf einer Weltreise meistern müssen.

Sie sollten auch wissen, dass das Carnet de Passage nicht in **allen** Ländern verbindlich vorgeschrieben ist. Sie brauchen es weder in Nord- bzw. Südamerika noch in Zentralasien. Wenn Sie das Carnet de Passage jährlich verlängern, wird die Kaution übertragen, und Sie müssen nur erneut Ausstellungsgebühren bezahlen. Der ADAC kann Ihnen das Dokument via DHL in die ganze Welt nachsenden. Bedenken Sie aber, dass das Ganze bis zu drei Monate dauern kann, abhängig davon, in welchem Winkel der Erde Sie sich gerade befinden und wie zuverlässig die Post dort ist.

Luxus

Ich bin immer ein kleines bisschen neidisch, wenn ich Rentner mit ihren wundervollen Wohnmobilen inklusive Satellitenschüssel auf dem Dach und Motorroller sehe. All das zu haben! Während einige Vagabunden dies als zu luxuriös empfinden, glaube ich, dass Menschen, die ihr ganzes Leben lang hart gearbeitet haben und sich ein bisschen mehr Komfort wünschen, diesen Luxus auch verdienen. Darüber hinaus sind die meisten absolut bereit, ihre Luxusgüter mit ihren genügsameren Campkameraden zu teilen. Wer bin ich, mich zu beklagen? Wenn Sie zu diesen Langzeitreisenden zählen, die ihre Nase über Luxuscamper rümpfen, dann sind Sie offensichtlich noch nie zu einem Drei-Gänge-Menü inmitten der syrischen Wüste eingeladen worden. Ich schon!

Ich würde gern hervorheben, dass der Begriff »Luxus« sehr subjektiv ist, wenn damit mehr als so grundlegende Dinge wie Nahrung, Wasser und ein Dach über dem Kopf bezeichnet werden sollen. Für mich persönlich gibt es noch einige andere wesentliche Dinge, ohne die ich nicht leben möchte, etwa meine elektrische Zahnbürste und mein Epilierer. Ich weiß, dass ich diesbezüglich eine kleine Prinzessin bin! Ich habe reihenweise Bikerfreunde, die vorwurfsvoll ihren Kopf darüber schütteln, doch das ist mir total egal. Ich weiß, dass sie mich insgeheim alle um meine glatten Beine beneiden. Tun Sie sich keinen Zwang an: Nehmen Sie so viele Luxusgüter mit, wie Sie wollen, wenn Ihre Reise dadurch angenehmer wird. Sie werden unterwegs als Märtyrer keine Medaille bekommen. Nur …

Übertreiben Sie es nicht!

Es ist schrecklich demoralisierend, Menschen zu treffen, die gerade begriffen haben, dass sie ihre Reise verkürzen müssen, da sie viel zu viel Geld in ihr Fahrzeug gesteckt haben und nun pleite sind. Nur weil man in ein Reisemobil ähnlich viel Geld investieren kann wie in ein solides Haus, heißt das noch lange nicht, dass man es auch tun sollte. Chris hat Matilda für nur 1000 Euro in Schottland gekauft, und dieses heruntergekommene Fahrzeug hat ihn acht Jahre lang um die Welt getragen. Etwas mehr Geld zu investieren, ist durchaus sinnvoll, denn man muss wissen, dass er auf seinem Weg insgesamt 1667 Pannen hatte!

Aber bitte behalten Sie Ihre Ausgaben für die Reisevorbereitung im Auge, besonders die für das Fahrzeug. Glauben Sie mir, viele von uns würden nur zu gern mit der voll eingerichteten Mutter aller Reisemobile unterwegs sein. Wenn das allerdings bedeutet, dass man nur ein paar Monate statt einiger Jahre unterwegs sein kann, dann beginnt man, all diese Annehmlichkeiten zu verfluchen, die schweineteuer gewesen sind. Letzten Endes ist es egal, ob Sie auf vier Rädern, auf zwei Rädern oder ganz ohne Räder losziehen.

Immer sollte die Reise und nichts anderes die Hauptattraktion sein.

Die Höhen und Tiefen der Budgetierung

Ihr Jahresbudget wird in der Regel von Ihren persönlichen Präferenzen bestimmt, etwa den Beträgen, die Sie für ein Essen im Restaurant oder eine Übernachtung bezahlen wollen. Folglich können nur **Sie** Ihr eigenes Budget festlegen. Während Sie beim Verprassen vermutlich keine Hilfe brauchen – es ist immer einfach, in Fünfsternehotels, netten Restaurants und auf Erster-Klasse-Flügen mit Geld um sich zu werfen, wenn man die entsprechenden finanziellen Möglichkeiten hat –, kann es eine ungleich größere Herausforderung sein, mit so wenig Geld wie möglich auszukommen. Wenn Sie ein paar Hinweise berücksichtigen, dann können Sie sicherstellen, dass Ihre Mittel nicht versehentlich viel zu früh versiegen.

Niemand hat Spaß daran, ein Geizhals auf Reisen zu sein; doch wenn die einzige Alternative darin besteht, zu Hause zu bleiben, dann geht man doch lieber etwas knauseriger mit seinem Portemonnaie um, nicht? Vielleicht entdecken Sie dann sogar ein paar reizvolle Silberstreifen am Horizont des minimalistischen Reisens. Nutzen Sie die folgende Budgetübersicht einfach als Ausgangsbasis, und ergänzen Sie die Planung nach Belieben.

Overlanding mit nur ein paar Cent oder dem letzten Hemd

»Wie um Himmels willen kommt man mit einem derartig überschaubaren Budget aus?« Das muss auf Reisen die meistgestellte Frage an Chris und mich sein. Vermutlich ist es beinahe unglaublich, dass Chris und ich jeweils für ein **Jahr** auf Reisen genauso viel Geld benötigen, wie viele Menschen für ein paar Urlaubswochen auszugeben bereit sind.

Ich möchte dabei gern unterstreichen, dass es nicht unser sehnlichster Wunsch ist, dermaßen kostengünstig zu leben! Es ist einfach nur so, dass sich unser Lebensstil mit permanentem Überfluss nicht vereinbaren lässt, sondern sich beides weitgehend gegenseitig ausschließt. Wenn Sie komfortabel reisen wollen, dann müssen Sie das große Geld verdienen; wenn Sie reich werden wollen, dann müssen Sie mehr arbeiten und können weniger reisen. Weil wir aber mehr reisen möchten, werden wir weniger arbeiten können, was zu einem begrenzten Budget führt. Sie verstehen?

Sowohl bei unseren Reisen mit dem Land Rover als auch mit Puck und Pixie beträgt unser Budget 500 Euro pro Person und Monat. Wenn Sie sich nun wundern, warum die Kosten identisch sind, wenn das Reisen mit dem Motorrad doch günstiger ist, dann sage ich nur »Inflation«. Weil die Preise für Alltägliches weiter steigen, müssen wir uns immer weiter einschränken, wenn wir das Budget halten wollen. Vielleicht werden wir in zehn Jahren dazu genötigt sein, die Welt mit dem Fahrrad zu bereisen. Neiiiiin!

Was man mit 500 Euro im Monat anfangen kann

Unser monatliches Budget basiert auf Chris' Einkommen als Autor und meinem als Reiseführerautorin. Ich weiß, dass 16 Euro am Tag für europäische Verhältnisse nicht gerade großzügig klingen, und man muss sich in der Tat strecken, doch mit ein paar Tricks ist das machbar.

Da ich für uns beide koche (da gehen sie hin, die zwei Millionen Jahre der weiblichen Emanzipation!), weiß ich, dass ich uns für fünf Euro pro Tag und Person satt bekomme. Dabei sprechen wir natürlich nicht von Haute Cuisine, sondern nur von den alltäglichen Eiern auf Toast zum Frühstück, Sandwiches zum Lunch und einen Teller Nudeln zum Abendessen. So hat das sogar in Deutschland funktioniert, wenn wir bei Aldi, Lidl oder Penny und nicht in den schickeren Läden eingekauft haben. Seitdem wir unterwegs sind, wird das Leben zunehmend günstiger. Wir sind in Ländern wie der Türkei und Georgien weiterhin mit fünf Euro pro Tag für Essen ausgekommen, während sich sowohl die Quantität als auch die Qualität unserer Mahlzeiten kontinuierlich verbessert haben. Das hat uns gut gefallen …

Beim Sprit kommen wir mit zwei Euro pro Tag und Motorrad aus, wenn wir uns daran halten, nicht mehr als 1000 Kilometer im Monat zurückzulegen. Der durchschnittliche Benzinpreis weltweit lag 2014 knapp unter einem Euro pro Liter.

Wenn man bedenkt, dass Puck und Pixie in Abhängigkeit vom Gelände auf 100 Kilometern etwa fünf bis sechs Liter verbrauchen, dann führt langsames Reisen sicher zu einem vergnüglichen und bezahlbaren Trip.

Zusammen ergeben sich also sieben Euro pro Tag und Person für Benzin und Essen. Bleiben neun Euro pro Tag, mit denen sich die übrigen Kosten decken lassen. Nachfolgend habe ich die durchschnittlichen Tagesausgaben aufgelistet:

Zigaretten, ein Bier oder Ähnliches:	3,00 Euro
Krankenversicherung:	1,00 Euro
Kfz-Steuer und Kfz-Versicherung (nur bis Georgien):	0,20 Euro
Unterkunft (sieben Nächte pro Monat auf einem Campingplatz):	1,40 Euro
Extras:	3,40 Euro

Die Extras können alles Mögliche abdecken: den Eintrittspreis für eine archäologische Stätte, Ersatzteile, Motoröl, Restaurantbesuche, eine Flasche Wein, die Verschiffung nach Australien, Visa und mehr. Wir nehmen es, wie es kommt. In Griechenland haben wir beispielsweise einmal binnen zwei Wochen 100 Euro nur für den Besuch von Sehenswürdigkeiten ausgegeben. Es war das Geld, das wir von einem sehr günstigen Monat in Albanien übrig hatten. Im Durchschnitt betrachtet, bewegen wir uns immer noch gut innerhalb unserer Budgetgrenzen.

Chris und ich campen zuerst immer einige Wochen am Stück wild, bevor wir uns einen kuscheligen Campingplatz oder ein nettes Hostel suchen, um dort ein paar entspannte Tage mit Wäschewaschen und Arbeiten zu verbringen und diverse heiße Duschen zu genießen. Das spart uns eine Menge Geld, auch deshalb, weil die meisten Betreiber einem für einen Aufenthalt länger als sieben Tage einen Rabatt einräumen.

Zu lernen, wie man mit so wenig so irrsinnig glücklich sein kann, ist bei Weitem eine der bedeutendsten Lektionen, die mir das Langzeitreisen bisher erteilt hat. Ich weiß, was für mich die wichtigsten Dinge des Lebens sind: ein Dach über dem Kopf, eine warme Mahlzeit im Magen und die Liebe meiner Freunde und meiner Familie. Das Vermeiden von Luxus kann übrigens dazu führen, dass Sie ihn umso mehr zu schätzen wissen, wenn Sie ihn schließlich doch einmal genießen.

Glück ist, zu wissen, was wesentlich ist.

Ob eine Reise wie unsere noch günstiger als für 500 Euro pro Monat machbar ist? Die klare Antwort lautet **ja!** Ganz sicher, obwohl sie Ihnen dann vorkommen wird, als seien Sie Teil einer überlangen Folge der Serie *Expedition Robinson*. Sollten Sie masochistisch veranlagt sein oder tatsächlich mit noch weniger auskommen müssen, dann können Sie Folgendes probieren:

– Vermeiden Sie grundsätzlich Campingplätze, und essen Sie morgens, mittags und abends Fünf-Minuten-Terrinen. Klingt das nicht verlockend?
– Machen Sie einen weiten Bogen um jede Art von Attraktion, die mit Eintrittsgeldern verbunden ist.
– Verbieten Sie sich alles, was nicht essenziell zum Überleben ist. Schokolade, Bier und Wein werden ohnehin überbewertet … Aua!

– Vermeiden Sie alle Länder, die keine kostenlosen Visa anbieten. Ist ja deren Pech!
– Beschränken Sie sich auf einen Kontinent. Schon sind Sie die Transportkosten für Ihr Fahrzeug los.
– Bauen Sie einen im Spritverbrauch günstigen Smart zu einem Wohnmobil um, und fahren Sie nie mehr als 100 anstatt 1000 Kilometer pro Monat.

Wenn Sie das alles schaffen, dann könnten Sie Ihr Monatsbudget um etwa ein Viertel reduzieren. Ob das die vielen Entbehrungen allerdings wert ist, müssen Sie selbst entscheiden.

Wenn Sie nur mit einem Rucksack auf dem Rücken unterwegs sind, dann können Sie mit sehr viel weniger auskommen. Es gibt viele Reisende, die sich bei der Auswahl einer komfortablen Unterkunft auf Internetplattformen wie couchsurfing.org, hospitalityclub.org, bewelcome.org, tripping.com oder globalfreeloader.com verlassen. Die Geschichten von jungen Abenteurern, die ihre Weltreise durchgezogen haben, obwohl sie ihr Zuhause mit nur 20 Dollar in der Tasche verlassen haben, sind gar nicht einmal so selten. Mit Trampen, saisonaler Arbeit auf Bauernhöfen, der Herstellung von Schmuck und allen möglichen anderen Dingen gelingt es diesen Leuten, mit sehr wenig Eigenkapital auszukommen. Dabei müssen sie sich allerdings auf die Gastfreundschaft anderer verlassen. Natürlich werden Sie unterwegs auf jede Menge Großzügigkeit stoßen. Sich aber darauf verlassen zu müssen, kann bisweilen sehr frustrierend sein.

Würden wir es anders machen, wenn wir über ein grenzenloses Budget verfügen könnten? Im Leben nicht! Wir würden unsere Motorräder niemals gegen neuere Modelle eintauschen, da sie aufgrund ihres Alters einfach ideal sind!

Beides sind 1996er-Modelle mit nur wenigen elektronischen Komponenten. So können wir anfallende Reparaturen in 99 Prozent der Fälle mit einfachen Mitteln selbst durchführen. Bei einem modernen Motorrad sähe das ganz anders aus. Wenn Ihre Maschine mit derart zahlreichen Sensoren, ABS, ACS und diversem technischem »Schnickschnack« ausgerüstet ist, dass Sie nicht mehr imstande sind, die Probleme selbst zu lösen, dann dürfen Sie getrost davon ausgehen, dass es in vielen Ländern einem Wunder gleichkäme, einen Mechaniker zu finden, der mehr Ahnung davon hat. Wenn Sie **tatsächlich** einen auftreiben, Wunder geschehen bekanntlich ja immer wieder, dann werden Sie für die Reparatur vermutlich ein Vermögen hinblättern müssen.

Was nun die Unterkünfte angeht: Natürlich sind Luxushotels eine schöne Sache, klar. Aber wir würden es doch eher früher als später vermissen, vom Gesang der Vögel und der über unserem Zelt aufgehenden Sonne geweckt zu werden. Daher liegt uns nichts an einem ausgedehnten Hotelaufenthalt, der einfach nur viel zu teuer wäre. Es mag so klingen, als würden wir im letzten Hemd reisen. Die Wahrheit aber ist, wir würden auch ganz ohne Hemd um die Welt fahren.

Nachfolgend sind die wichtigsten Faktoren aufgelistet, die Sie bei der Budgetplanung berücksichtigen sollten.

Vorbereitungskosten

Viele Menschen haben das dringende Bedürfnis, sich ständig auf alle Eventualitäten des Lebens vorbereiten zu müssen, und geben schon vor der Abreise tonnenweise Geld für unwichtige Dinge aus. Das geht los bei den 25 Euro für die

Stirnlampe der Luxusklasse über zehn Euro für ein Extra-paar hübschere Socken bis hin zu 1000 Euro für ein schickes, protziges GPS, das niemand wirklich braucht. Vergessen Sie nicht, auch Kleinvieh macht Mist und exzessives Geld-ausgeben lässt Ihr Budget blitzartig schrumpfen. Überlegen Sie vor jeder Anschaffung, egal worum es sich handelt, drei-mal, ob Sie genau das wirklich brauchen. Nur so können Sie herausfinden, was notwendig und was unnötiger Ballast ist. Meine persönliche Leitlinie ist diese: Ich investiere immer in Qualität, wenn es um essenzielle Dinge geht, und wähle in allen anderen Fällen günstigere Alternativen. Wenn Sie beispielsweise viel campen wollen, dann sollten Sie auf einen warmen, gut isolierten Schlafsack und einen robusten Campingkocher Wert legen. Wenn Sie wie ich Kälte hassen, dann sparen Sie nicht am Geld für hochwertige Thermo-kleidung. Bei allen anderen Dingen können Sie dann knau-serig sein.

Motorisierte Overlander müssen ihr Fahrzeug sorgfältig ausstatten und sich genau überlegen, welche Ersatzteile sie mitnehmen. Ich habe gerade etwas über 1000 Euro für Pixie hingeblättert und einen ähnlichen Betrag in die Ausstattung investiert, darunter mein gesamtes Campingzubehör und ein paar Ersatzteile, von denen ich **wusste,** dass ich sie irgend-wann brauchen würde (Kette, Ersatzfilter, Bremsbeläge etc.). Chris' Ersatzteilliste sah viel umfassender aus; sie war so lang, dass wir allein mit dem Inhalt seiner Seitenbox ein drittes Motorrad bauen könnten. Im Bereich Mechanik ist Chris ein mehr als akribischer Planer, der gern für **alle** Eventualitäten im Voraus gerüstet ist. Daher hat er mehr Teile für Puck ein-gepackt, als Yamaha für die Ténéré vermutlich jemals gebaut hat. Andererseits spart Chris beim Komfort. Er hat weder eine Isomatte, ein Kopfkissen noch eine elektrische Zahnbürste dabei … und einen Epilierer hat er auch nicht. Also waren unsere Vorbereitungskosten in etwa gleich hoch.

Es hängt von Ihren mechanischen Kenntnissen und Ihrem Improvisationstalent ab, wie viele Ersatzteile Sie mitnehmen sollten. Wenn Sie einen Vergaser wie MacGyver aus drei Coladosen, einem Stück Schnur und etwas Kaugummi basteln können, dann können Sie sehr sparsam sein. Wenn Sie allerdings nicht über dieses Talent verfügen, dann sollten Sie darüber nachdenken, ob Sie nicht doch so viele Ersatzteile mitnehmen, wie Sie unterbringen und bezahlen können. Denn selbst das kleinste Päckchen, das Sie sich ans andere Ende der Welt schicken lassen, kann am Ende Hunderte von Euro kosten. Ob Sie sich dazu entschließen, vor Beginn der Reise einen festgelegten Betrag für Ersatzteile auszugeben, oder das Risiko eingehen, eventuell später wesentlich mehr bezahlen zu müssen, müssen Sie entscheiden.

Reisegeschwindigkeit

Langsames Reisen garantiert Ihnen die Freiheit, das Anfallen der unvermeidbaren Kosten besser steuern zu können. Benzin-, Visa- und Verschiffungskosten können sich zu riesigen Beträgen summieren. Diese über einige Jahre statt Monate zu verteilen, wird die Belastung Ihres Budgets lindern. Denn sogar dann, wenn Sie nicht motorisiert reisen, werden die Kosten für das »Umherbewegen« immer die größte finanzielle Bürde sein.

Hier ein Beispiel: Auf einer durchschnittlichen Weltreise eines Overlanders durch Europa, Asien, beide Amerikas und Afrika werden Sie etwa 100 000 Kilometer zurücklegen, drei

Interkontinentalflüge absolvieren und ein paar Dutzend Visa benötigen. Wenn Sie mit einem Fahrzeug unterwegs sind, dann werden Sie es viermal verschiffen müssen, wenn Sie über Ostafrika reisen und die Nasserseefähre zwischen dem Sudan und Ägypten nehmen. Für Benzin, Visa, Verschiffungen und Flüge können Sie locker 20 000 Euro einplanen, wenn Sie etwa mit einem Land Rover reisen oder einem Fahrzeug von ähnlicher Größe und Spritverbrauch. Wenn Sie diesen Trip innerhalb eines Jahres machen, sind die Ausgaben **enorm!** Langzeitreisende haben andererseits die luxuriöse Möglichkeit, diese Kosten auf einige Jahre zu verteilen. Am Ende ist es so, das eine acht Jahre während Reise Sie nur doppelt so viel kostet wie ein Zweijahrestrip und nicht viermal so viel.

Alter und Komfortbedürfnis

Ich erinnere mich an die guten alten Zeiten, in denen das Schlafen in von Kakerlaken befallenen, abgerockten Hostels »Spaß« gemacht hat und ich das Campen bei eisigen Temperaturen als »charakterbildend« betrachtet habe. Diese Zeit kam und ging. Unglücklicherweise bedeutet mehr Komfort auch mehr Kosten. Wenn Sie also schon ein wenig reifer sind, dann müssen Sie das bei der Planung Ihres Budgets als einen der Hauptfaktoren berücksichtigen. Sind Sie erst 20 und stehen kurz vor der Abreise, dann können Sie diesen Punkt auch gern komplett ignorieren. Ziehen Sie dann einfach los, lassen Sie die Flöhe Tausender Kamele in verlotterten pakistanischen Herbergen über sich herfallen, und verbuchen Sie das Ganze dann als Auftaktritual. Für alle anderen gilt: Auch wenn ein Wohnmobil eine große Anfangsinvestition sein kann (allerdings auch nicht sein muss), kann es sich doch langfristig im Vergleich zu den Übernachtungs-kosten als günstiger herausstellen. Und mehr noch: Sie wer-den nicht nur die ganze Zeit über Ihr eigenes Bett, sondern auch Ihr eigenes Haus haben!

Reiseländer

Ihr Reisebudget wird auch davon abhängen, wo auf der Welt Sie die meiste Zeit verbringen wollen. Auf der Gut-und-güns-tig-Skala rangieren Australien, Europa und Nordamerika auf-grund ihres hohen Lebensstandards nicht gerade weit oben. Es kann knifflig sein, mit fast leeren Taschen durch diese Länder zu reisen. In Afrika hingegen geht es etwas paradox zu: Während das Essen günstig, allerdings qualitativ häufig fragwürdig sein kann und Sprit überaus bezahlbar ist, kön-nen die Visakosten schwindelerregende Höhen erreichen. Dadurch ist das Durchqueren dieses Kontinents eher teuer. Südamerika ist über weite Strecken erschwinglich, und Asien gilt mit großem Abstand als günstigster Reisekontinent.

Allein oder in Begleitung

Wenn Sie langfristig mit einem Begleiter unterwegs sind, werden Ihre Ausgaben deutlich sinken, weil Sie sich gerade die großen Beträge für Benzin, Carnet de Passage und Unter-künfte teilen können. Das bedeutet allerdings nicht, dass Sie sich allein zum Sparen unbedingt eine Reisebegleitung su-chen sollten. Ich habe **verheiratete** Paare kennengelernt, die sich nur wegen eines platten Reifens mitten in der Wüste mit der Scheidung gedroht haben. Sich auf Reisen mit einer Zu-fallsbekanntschaft aus dem Internet zusammenzutun, kann aber noch heftiger sein. Es mag sein, dass Sie dabei auf die Liebe Ihres Lebens stoßen, es ist aber auch gut möglich, dass sich das Ganze als größter Albtraum Ihres Lebens entpuppt. Seien Sie vorsichtig!

Was um alles in der Welt nimmt man mit?

Was genau benötigt man eigentlich für ein Leben auf Achse? Es ist überraschend wenig. Was man gern mitnehmen **möchte?** Vermutlich ziemlich viel! Die perfekte Lösung dieses geläufigsten Dilemmas liegt irgendwo in der Mitte. Während persönliche Prioritäten und Wünsche bestimmen, wie umfangreich Ihre Packliste sein muss, wird am Ende die Tatsache entscheidend sein, wie viel Sie tatsächlich transportieren können.

Kleidung

Ich habe ein paar Nomaden getroffen, die jahrelang mit nicht mehr unterwegs waren, als in eine einzige Plastiktüte passt. Normalerweise haben sie dann noch nicht einmal Klamotten zum Wechseln. Zum Glück für alle die, die ihr Zimmer mit jemandem teilen müssen, sind diese Extremminimalisten in der großen Minderheit. Mal ganz im Ernst: Ihre Reisebegleiter, Schlafgenossen und Sitznachbarn in öffentlichen Verkehrsmitteln werden es Ihnen sehr danken, wenn Sie eine gewisse Körperhygiene betreiben. Vielen Dank!

Drei T-Shirts, drei Sätze Unterwäsche, drei Paar Socken und zwei Hosen sind ideal, egal ob Sie nun mit dem Rucksack unterwegs sind, mit dem Motorrad oder einem Reisemobil. Die Vernunft mag Ihnen sagen, dass Sie mit zunehmender Fahrzeuggröße auch mehr mitnehmen können, doch aus persönlicher Erfahrung kann ich Ihnen sagen, dass eine Dreierrotation mehr als ausreichend ist, ganz unabhängig vom vorhandenen Platz. Ich selbst hege eine glühende Aversion gegen das Herumschleppen einer Tasche voller stinkender Klamotten. Vergessen Sie nicht: Es ist ja schön und gut, wenn Sie regelmäßig duschen. Doch das wird Ihren Kameraden in der Unterkunft wenig helfen, wenn dafür Ihr Rucksack zehn Meilen gegen den Wind stinkt. Ganz generell gilt unter Reisenden die Faustregel, dass das, was man für eine einwöchige Bergtour mitnimmt, auch für Langzeitreisen reicht, obwohl mir hier einige Frauen vermutlich widersprechen dürften.

Das Leben im Freien und das Waschen mit der Hand sorgen dafür, dass Kleidungsstücke viel eher kaputt gehen. Aber keine Sorge: Ersatz findet man überall auf der Welt ganz einfach und hat noch jede Menge Spaß dabei. Ich habe schon auf Freiluftmärkten in Brasilien BHs anprobiert, wo mir eine Gruppe Big Mamas um mich herum als Art Umkleidekabine gedient hat. Ich habe leuchtend bunte T-Shirts in Afrika gekauft und die wärmsten Wollsocken in einem entlegenen Kaukasusbergdorf gefunden, nachdem ich meine beiden letzten Paare aus Versehen an einem Lagerfeuer in Brand gesteckt hatte. Nach ein paar Jahren auf der Straße hat eine kleine Besorgung wie der Kauf von drei Unterhosen einen hohen Unterhaltungswert, so traurig und tragisch das für Sie auch klingen mag.

Die Rotation von drei Bekleidungssätzen bringt es mit sich, dass Sie immer nur den der aktuellen Jahreszeit angemessenen Kram mit sich rumschleppen. Im Winter gebe ich zehn Euro für Mütze, Schal und Handschuhe aus, die ich dann zu Beginn des nächsten Frühlings verschenke, und so weiter und so fort. Meine einzigen permanenten Begleiter sind meine Schwimmsachen (für die Strände im Sommer und die Hamams im Winter) und mein Helly-Hansen-Spiez-Anzug aus Faserpelz. Es hat Chris fast zwei Jahre gekostet, mich davon zu überzeugen, diesen zu kaufen. Als ich ihn das erste Mal in seinem gesehen habe, bin ich vor Lachen fast gestorben; er sah aus wie ein Teletubbie! Doch als ich endlich nachgegeben habe, hätte ich mir dafür in den Hintern treten können, dass ich das nicht schon viel früher getan habe. Die Dinger sind einfach genial! Ich komme mit kalten Temperaturen nicht so gut klar, weshalb mir qualitativ hochwertige Thermobekleidung sehr wichtig ist. Wir mögen ja mit unseren Outfits wie japanische Touristen im Partnerlook aussehen, doch immerhin frieren wir nicht!

Hygieneartikel

Früher habe ich immer eine Jahresration Tampons und meine bevorzugte Gesichtscreme eingepackt. Damit habe ich vor ein paar Jahren aufgehört, denn man bekommt in fast jeder Stadt der Welt ein umfangreiches Sortiment an Hygiene- und Kosmetikartikeln. Sie werden irgendwann nicht mehr viel auf Markennamen geben. Am besten verzichten Sie gleich ab heute auf Ihre teure Creme. Bekannte Namen wie Nivea, Garnier oder Johnson & Johnson sind überall auf dem Planeten zu finden. Es ist daher nicht nötig, sich für Reisen in Dritte-Welt-Länder einen Vorrat anzulegen. Heute finden sich in meinem Kulturbeutel diese Dinge:

– 2-in-1-Shampoo und Conditioner
– Seife und ein Paar Peelinghandschuhe
– Feuchtigkeitscreme
– Deoroller
– Zahnbürste und Zahnpasta
– zwei Einmalrasierer
– Feuchtigkeitstücher
– eine Schachtel Tampons oder eine Menstruationstasse – sehr praktisch!

Wenn Sie mögen, können Sie diese Liste als Vorlage nutzen und nach Belieben Dinge hinzufügen oder streichen, insbesondere dann, wenn Sie ein Mann sind. Die meisten Männer reisen nur mit einer Flasche Shampoo, einem Rasierer und einem Deoroller. Manche lassen letzteren unglücklicherweise auch weg.

Campingzubehör

Wenn Sie campen wollen, dann sollten Sie folgende Dinge auf Ihre Packliste setzen: ein kleines Zelt, eine Isomatte, einen hochwertigen Schlafsack und eine Stirnlampe. Manche Camper haben keinen Kocher dabei, doch für Leute wie uns ist er unabdingbar, da wir ohne mindestens zwei starke Kaffees am Morgen nicht in die Gänge kommen. Darüber hinaus liebe ich es zu kochen, und obwohl es eine Herausforderung ist, auf einem einflammigen Campingkocher eine Gourmetmahlzeit zuzubereiten, heißt das noch lange nicht, dass es unmöglich ist. Mit ein bisschen Zeit und Geduld, einem Topf und einer kleinen Bratpfanne können Sie auch ein Drei-Gänge-Menü zaubern.

Gas- und Spirituskocher sind aus guten Gründen über alle Grenzen hinweg beliebt. Im Vergleich zu Benzinkochern sind sie leiser, sicherer und einfacher zu bedienen, darüber hinaus leichter und umweltfreundlicher. Auch stinken sie lange nicht so und sind weniger reparaturanfällig. Unglücklicherweise werden all diese Vorteile aber von einem ganz entscheidenden Nachteil zunichtegemacht: Sowohl Spiritus- als auch Gaskocher lassen sich in einigen Gegenden wahnsinnig schwer nachfüllen. Gaskartuschen bekommt man sogar in einigen europäischen Ländern nur unter Schwierigkeiten. Wir haben einmal in Florenz einen ganzen Tag mit der Suche nach einer Ersatzkartusche verschwendet. Die Italiener haben es scheinbar nicht so mit dem Campen. Es stellte sich daher als unmöglich heraus, einen gut sortierten Campingzubehörladen in Zentrumsnähe zu finden. Ganz zu schweigen von den Problemen, die wir mit dem Spirituskocher von Matilda hatten, unserem geliebten Land Rover. Als Chris und ich im Sudan waren, hat es uns beinahe drei ganze Tage gekostet, bis wir den Chef des Krankenhauses in Karthum davon überzeugt hatten, uns einen einzigen Liter Reinigungsalkohol zu verkaufen. Erst dann konnten wir endlich wieder unseren morgendlichen Kaffee genießen. Wenn Sie in ein konservatives Land reisen, in dem Alkohol verboten oder zumindest verpönt ist, können Sie sich also schon einmal darauf einstellen, dass Sie große Schwierigkeiten haben werden, irgendwo Spiritus aufzutreiben.

Benzinkocher oder kombinierte Benzin-Diesel-Kocher sind die idealen Begleiter auf Langzeitreisen, besonders wenn Sie mit einem Fahrzeug unterwegs sind.

Es ist übrigens völlig unnötig, große Summen für Markenprodukte auszugeben, denn Haltbarkeit und Verlässlichkeit sind wesentlich wichtiger als irgendwelche angesagten Namen. Es lohnt sich, in Army Shops zu gehen oder einfach mal herauszufinden, was die Männer auf den Bohrinseln, Hochseefischer und Jäger benutzen und anziehen. Sie haben jeden Tag mit extremen Wetter- und Outdoorbedingungen zu tun – das ist Teil ihres Jobs!

Ich habe Deutschland mit einem Paar nagelneuer Markenmotorradstiefel verlassen. Doch die haben bei den übermäßigen Regenfällen, unter denen wir während unserer Wintertour entlang der Mittelmeerküste litten, kaum sechs Monate gehalten. Ich fand dann auf einem Markt in Salerno ein Paar Stiefel speziell für Bauarbeiter mit Stahlkappen, dicker, rutschfester Sohle und extra Knöchelschutz. Natürlich sind sie hässlich wie die Nacht – meine stilvolle italienische Mama würde mich enterben, wenn sie mich mit diesen Dingern in der Öffentlichkeit sähe –, aber sie haben mich nur 20 Euro gekostet und sehen auch nach einem Jahr noch fast ungetragen aus. Das muss denen erst mal jemand nachmachen!

Elektronik

In manchen Reiseführern für Vagabunden wird beharrlich behauptet, dass Sie kein Netbook einpacken sollten, da ja das Aussteigen aus dem normalen Leben Priorität haben soll. Das halte ich für absoluten Quatsch. Für mich bedeutet Langzeitreisen keinen Lebensausstieg, sondern eine Umgestaltung des Lebens. Man nimmt sein neues Leben mit auf die Reise.

Falls Ihre Reise länger als ein paar Monate dauern soll, dann werden Sie zweifellos davon profitieren, wenn Sie ein kleines Laptop, eine externe Festplatte und ein paar USB-Sticks dabeihaben. Diese drei elektronischen Massenprodukte können unterwegs ersetzt werden, sollte ein neugieriger Affe an einem einsamen thailändischen Strand die Tastatur Ihres Laptops auseinandernehmen oder Ihre Festplatte zum Knacken von Nüssen benutzen! Während weltweit immer mehr Menschen zu Hause einen Internetanschluss haben, sinkt gleichzeitig die Zahl der Internetcafés. Ein kleines Laptop ist ein unschätzbarer Gebrauchsgegenstand für Arbeit, Entspannung und den Kontakt zu Familie und Freunden. Wenn Sie das kleinstmögliche Netbook mitnehmen (ich nutze ein 10-Zoll-Modell), dann wird Ihr Homeoffice nicht nur leicht zu transportieren, sondern auch günstig zu ersetzen sein.

Ich habe darüber hinaus eine kleine Digitalkamera und eine größere digitale Spiegelreflexkamera für Landschaftsaufnahmen dabei, außerdem – zum Entsetzen aller Bücherwürmer – einen brillanten E-Book-Reader. Dieses kleine Ding ist der jüngste Neuzugang meiner elektronischen Spielzeugsammlung und der bei Weitem beliebteste. Natürlich kann ein E-Reader niemals die Haptik und den Geruch eines Buchs ersetzen, doch wenn man bedenkt, dass ich damit 2000 Bücher in meiner Jackentasche dabeihaben kann, dann ist das doch ein überzeugendes Argument für jeden Overlander mit limitiertem Stauraum.

Luxusgüter

Ich liebe es, über dieses Thema zu sprechen, wenn ich mit Reisenden zusammen bin, da es die normalerweise so entspannten Hippies binnen zwei Minuten in Rage versetzen kann. Was ist Luxus, und wie viel davon braucht man zum Glücklichsein? Einige Zen-Enthusiasten werden behaupten, dass Luxusgüter die Wurzel allen menschlichen Übels seien und jeder, der ein sinnvolles Leben anstrebe, sich solcher Reichtümer entledigen sollte.

Zuallererst möchte ich darauf hinweisen, dass es normalerweise genau diese Reisenden sind, die keinen der besagten Deoroller dabeihaben. Zweitens kann das, was für den einen Luxus darstellt, für den anderen essenziell sein. Das könnt Ihr also in der Bong rauchen! Die wichtigste Botschaft ist, dass Langzeitreisende nur Dinge einpacken sollten, ohne die sie nicht leben können. Dennoch würde ich selbst immer noch einiges mitnehmen, was die Reise einfach angenehmer macht.

Die Jahre auf Achse werden Ihnen einiges abfordern; warum in aller Welt sollte man sich da absichtlich etwas vorenthalten? Wenn das Reisen ohne ein paar kleine Luxusgüter dazu führt, dass Sie es hassen, ist es dann nicht wesentlich sinnvoller, diese Dinge auf die Liste zu setzen? Wenn Sie dann jemals das Gefühl haben, nicht mehr reisen zu wollen, dann wissen Sie zumindest, dass das nicht daran liegt, dass Sie zu lange auf die schönen kleinen Dinge des Lebens verzichtet haben. Das kleine Fotoalbum, die Pfeife, Opas Flaschenöffner, der Teddy, Mamis Küchenschürze, Papis Lieblingsfüller, was auch immer – wenn es Ihnen ein Lächeln ins Gesicht zaubert und imstande ist, Ihre Stimmung an einem miesen Tag aufzuheitern, dann packen Sie es ein, wenn Sie Platz haben.

Zu Beginn unserer Reise mit Puck und Pixie haben wir unseren österreichischen Freund Martin besucht, der selbst jahrelang die Welt mit seinem Motorrad bereist hat. Wenn ich sage, dass er fast einen epileptischen Anfall erlitt, als er am ersten Abend meine elektrische Zahnbürste sah, wäre das noch eine riesige Untertreibung.

»Was um alles in der Welt hast du auf dem Motorrad dabei?«

»Wie bitte? Ich **liebe** meine elektrische Zahnbürste; geh weg und lass mich in Ruhe!«

»Du bist verrückt!«, fuhr er fort. »Du lernst gerade erst Motorrad fahren und kannst kein überschüssiges Gewicht gebrauchen. Kauf dir eine normale Zahnbürste und säg den Griff halb ab!«

Himmel! Ich bin sicher, dass sie sogar in Guantanamo Bay ganze Zahnbürsten kriegen. Krass!

Ich habe mich dann nicht mehr getraut, Martin auch noch von meinem Epilierer, den beiden Kuschelhunden (nur ein ganz fieser Freund hätte mich gezwungen, zwischen beiden zu wählen), dem großen Badehandtuch, dem richtigen Kopfkissen und der kleinen Schachtel mit meinen Ohrringen zu erzählen. All diese Dinge machen mich an einem schlechten Tag zu einer sehr glücklichen Laura.

Geld und Dokumente

Ich werde oft gefragt, wie ich an mein Geld komme, denn ich bin ja nicht wirklich oft »zu Hause«. Obwohl ich nun schon seit vielen Jahren auf Reisen bin, habe ich immer noch lediglich mein ursprüngliches australisches Konto. Dem unschätzbaren Internet sei Dank kann ich mein Geld dorthin überweisen, wo ich es brauche, und meine Kreditkarte in fast allen Ländern nutzen. In den ganz seltenen Fällen, in denen das wie in Somaliland und aufgrund von UN-Sanktionen momentan im Sudan nicht geht, überweise ich meiner Mutter das Geld, die es mir dann per Western Union schickt. Sie sollten unbedingt mit zwei verschiedenen Kreditkarten für Barabhebungen unterwegs sein. Denn obwohl eine Visa-Karte wesentlich brauchbarer ist als eine Mastercard (manche Länder nehmen nicht am Mastercard-System teil), empfehle ich doch, beide Karten dabeizuhaben. Man weiß ja nie …

Und was macht man mit dem Wohnsitz? Im bayerischen Meldegesetz ist beispielsweise festgeschrieben, dass man sich abmelden muss, sobald man für mehr als 182 Tage ins Ausland geht. Wer absichtlich falsche Angaben macht, kann mit bis zu 25 000 Euro Strafe belegt werden. Eine Abmeldung aus Deutschland hat aber einige Konsequenzen: So fordern Banken und Versicherungen zumeist die Angabe eines festen Wohnsitzes oder zumindest einer festen Postanschrift, damit Vertragsverhältnisse weiterhin gültig bleiben. Die einfachste Lösung scheint zu sein, die Adresse der Eltern oder die eines guten Freundes anzugeben, aber auch das ist nicht offiziell gestattet. Die Verwaltung erlaubt Sozialrebellen keine Einrichtung von fiktiven Adressen. Auch steuerliche Angelegenheiten müssen gut bedacht sein, sofern man ein gewisses Einkommen, zum Beispiel Mieteinnahmen, während der Reise aus Deutschland bezieht. Tja, freiheitsliebende Nomaden passen einfach nicht ins »System«!

Was also tun? Sich abmelden oder nicht? Viele Langzeitreisende bewahren dem Einwohnermeldeamt gegenüber Stillschweigen, obwohl sie die nächsten zehn Jahre keinen Fuß nach Deutschland setzen werden. Ihre Abwesenheit wird den Ämtern, und ebenso den Banken, in den meisten

Fällen tatsächlich kaum auffallen. Was aber, wenn doch? Ihre Kreditkarten gesperrt zu bekommen, wenn Sie gerade ohne einen Cent in Schanghai stehen, wäre nicht sonderlich gut. Sind Sie der Meinung, dass Ehrlichkeit am längsten währt, dann schlage ich vor, ganz offen mit den Ämtern, Versicherungen und Banken vor der Abreise zu sprechen. Es gibt nämlich **immer** Lösungen … vielleicht gibt es Banken, die sich mit Online-Korrespondenz zufriedengeben? Oder ein Familienmitglied kann als Vertrauensperson wirken und einige Verträge mitunterzeichnen? Erkundigen Sie sich vor Ort. Gesetzesbestimmungen sind von Land zu Land verschieden und können sich im Laufe der Zeit ändern.

Bevor wir unsere Pässe, Führerscheine (national und international), internationalen Impfpässe, die Reisekrankenversicherungspolicen und die Fahrzeugpapiere eingepackt haben, haben wir alles einmal eingescannt und uns die Scans für den Verlustfall selbst zugemailt. Das ist wesentlich praktischer, als einfach nur Kopien bei der Familie zu deponieren. Wir haben außerdem die Angewohnheit, für künftige Visaanträge mindestens ein Dutzend Passfotos mit uns zu führen. Man sieht Fotoautomaten ja überall, nur dann nicht, wenn man sie wirklich braucht! Was die Visa angeht, die können unterwegs besorgt werden. Das ist ohnehin die einzige Möglichkeit, wenn Sie langsam reisen, denn viele Visa erlauben die Einreise in ein Land nur innerhalb eines Monats ab dem Ausstellungstag.

Dieses Mal haben wir auch ein Testament hinterlassen, damit unsere Familien besser mit den Folgen zurechtkommen, wenn aus unserer Reise ins Ungewisse eine Reise in die Unendlichkeit werden sollte. Vielleicht ist das ein Zeichen dafür, dass wir mit zunehmendem Alter weiser werden! Es mag makaber wirken, doch ich halte das für eine sehr wichtige Sache. Falls Sie jemals einen geliebten Menschen ohne testamentarische Verfügung verloren haben, dann verstehen Sie das vielleicht. Das Letzte, was Ihre Familie in ihrer unsagbaren Trauer braucht, ist Kopfzerbrechen darüber, was sie mit Ihnen und Ihrer Habe tun soll.

Krankenversicherung für Langzeitreisen

Eigentlich ist es unnötig, das zu erwähnen: Wenn Sie auch nur im Entferntesten darüber nachdenken, ohne irgendeine Art internationaler Krankenversicherung auf Reisen zu gehen, dann bleiben Sie lieber gleich zu Hause. Wenn Sie sich keine Versicherung leisten können, dann können Sie sich auch das Reisen nicht leisten!

Das ist eine der wenigen fundamentalen Überzeugungen, von denen ich unter keinen Umständen abrücken werde. Es ist richtig, dass einige Länder ausländischen Reisenden in öffentlichen Krankenhäusern kostenlose medizinische Hilfe anbieten. Doch seien Sie gewarnt: Obwohl die Qualität dieser medizinischen Grundversorgung in manchen Fällen durchaus gut sein kann, ist sie es in der Mehrheit eben nicht. Das gilt besonders für Länder der Dritten Welt. In einigen Fällen könnten Sie das Krankenhaus sogar in einem schlechteren Zustand verlassen, als Sie es betreten haben. Es gibt Gründe, warum die Sterberate im Westen niedriger ist, unter anderem auch deshalb, weil der Standard der medizinischen Versorgung nicht überall so gut wie in Deutschland ist.

In meinen Augen ist es außerdem unerlässlich, eine Police zu wählen, die im Todesfall oder bei schwerer Krankheit die

Rückführung abdeckt. Man darf die Möglichkeit von Unfällen, Krankheiten und sogar des Todes nicht einfach ignorieren. Zwar reisen wir beide seit vielen Jahren ohne größere Verletzungen, doch würde uns ein Statistiker vermutlich vorhalten, dass wir längst überfällig sind. Eine Rückführung kann Zigtausende Euro kosten. Sollten Sie einen tödlichen Unfall, aber keine Versicherung haben, dann bleibt Ihrer Familie nichts anderes übrig, als Sie dort zu lassen, wo Sie ums Leben gekommen sind, oder die Rückführung zu bezahlen. Es tut mir leid, dass ich das so unverblümt sage, aber das wäre absolut unverantwortlich, besonders wenn man bedenkt, dass man seine Familie schon mit einem Euro pro Tag vor ernsthaften finanziellen Schwierigkeiten bewahren kann.

Die meisten Versicherer werden Ihnen nur eine Versicherung ausstellen, wenn Sie noch zu Hause sind. Allerdings gibt es auch einige international renommierte Unternehmen, bei denen man unterwegs eine Krankenversicherung abschließen kann. Diese Policen sind normalerweise teurer, doch manchmal hat man keine Wahl. Wenn Sie **wissen,** dass Sie ein paar Jahre unterwegs sein werden, dann suchen Sie sich vor der Abreise die Reisekrankenversicherung mit der längstmöglichen Dauer aus. Verschiedene Versicherer bieten Policen mit einer Laufzeit von bis zu fünf Jahren an.

Medikamente

Hierzu finden Sie alles im Kapitel über Gesundheit und Sicherheit ab Seite 115. Dort stehen auch Informationen darüber, was Sie für die Grundausstattung Ihrer Reiseapotheke brauchen und was nicht.

Reiseführer

Heutzutage ist das Internet die wichtigste Quelle bei der Suche nach wichtigen und aktuellen Informationen. Auf Blogs anderer Reisender umherzustreifen und Reiseberichte zu lesen, kann sehr lehrreich sein, obwohl Sie das alles, auch dieses Buch, als das betrachten sollten, was es ist: eine erfahrene Stimme, die ihre subjektiven Ansichten mit Ihnen teilt. Je mehr Ansichten Sie hören, desto größer sind die Chancen, ein klares Bild von dem Land zu erhalten, das Sie erkunden wollen. Bald genug werden Sie selbst bloggen oder vielleicht sogar ein Reisebuch schreiben … oder auch zwei.

DAS LEBEN UNTERWEGS

Zu Fuß und leichten Herzens schlag ich die offene Straße ein,
Gesund, frei, vor mir die Welt,
Vor mir der lange, braune Weg, der mich führt,
wohin ich nur will.
Hinfort frage ich nicht nach Glück, ich bin das Glück.
Hinfort wimmere ich nicht mehr,
verschiebe nicht mehr, ich brauche nichts.
Vorbei mit grämlicher Stubenhockerei,
mit Bücherwälzen und nörgelnder Kritik,
Stark und zufrieden zieh ich den offenen Weg.
Walt Whitman: *Gesang von der Landstraße*

Wie sicher ist man beim Reisen um die Welt?

Sie können zu jeder x-beliebigen Zeit die Nachrichten einschalten und werden bestimmt hören, in welcher großen, schlechten und gefährlichen Welt wir leben; wie sie überquillt von Übeltätern, die unschuldigen Menschen Schaden zufügen wollen. Wenn Sie irgendetwas von diesem Quatsch glauben, dann ist es an der Zeit, dass Sie losziehen und die wahre Welt entdecken.

Reisen Sie weit und ausgiebig, dann werden Sie vermutlich zum gleichen Schluss kommen wie ich: Im Wesentlichen sind wir alle gleich. Die meisten Menschen möchten einfach nur eine normale, friedliche Existenz führen, ohne Unterdrückung, mit der Möglichkeit, für den Lebensunterhalt der

Familie sorgen und arbeiten zu können. Sie sind keine Rassisten, wollen nicht den Dschihad erklären und auch nicht in Kriegen kämpfen. Glücklicherweise sind die, die das wollen, in der absoluten Minderheit. Die meisten Menschen sind freundlich zu Fremden. Das bedeutet allerdings nicht, dass Ihnen auf dem Weg niemals Möchtegernräuber oder Kleinkriminelle begegnen werden. Sie sollten sich bemühen, eine ausgeglichene Sichtweise zu behalten, und gleichzeitig wachsam bleiben: Ihr Selbsterhaltungstrieb wird Ihnen helfen, zu entscheiden, wem Sie vertrauen können und bei wem Sie auf der Hut sein sollten.

Es ist nicht schwer, unterwegs sicher zu sein und zu bleiben. Die meisten Vorsichtsmaßnahmen haben einfach nur etwas mit gesundem Menschenverstand zu tun. Muss ich Sie daran erinnern, keinen ungeschützten Verkehr zu haben, besonders in Ländern, die mit Geschlechtskrankheiten zu kämpfen haben? Ich hoffe nicht! Soll ich Hunderte von Seiten darüber schreiben, wie man am besten eine Entführung durch die FARC oder al-Qaida überlebt? Die Chancen, dass Sie diese Informationen jemals brauchen werden, sind noch nicht mal mikroskopisch klein. Falls Sie Interesse an drastischen Überlebenstipps haben, etwa für den Fall, dass Sie ohne Verpflegung inmitten der australischen Wildnis stranden, dann schauen Sie sich lieber ein paar Folgen der Serie *Abenteuer Survival* vom britischen Outdoorpapst Bear Grylls an. Dann seien Sie aber auch bereit, Ihren eigenen Urin zu trinken.

Ich bin zwar stolze Besitzerin eines Bear-Grylls-Überlebensmessers, doch tatsächlich sind ein, zwei matschige Gemüsestücke das Einzige, was ich damit je geschnitten habe. Ich bin in einem Jahrzehnt auf Reisen nie in eine lebensbedrohliche Situation geraten. Und das hat nicht nur mit purem Glück zu tun. Sie mögen unzählige Geschichten von Reisenden hören, die so eine Situation erlebt haben, aber Sie werden nie von den Millionen anderen hören, denen es nicht so ergangen ist. Statistisch betrachtet, müssen Sie schon sehr viel Pech haben, um auf Reisen Opfer eines Unglücks zu werden.

Obwohl es tausendundein Ding gibt, das unterwegs drastisch schieflaufen kann, resultieren die meisten Gefahren und Belästigungen aus scheinbar harmlosen Problemen. Doch **die** können täglich auftauchen und sind diejenigen, die umsichtiges Handeln erfordern. Hier sind meine zehn Sicherheitstipps:

Gehen Sie im Ausland keine Risiken ein, die Sie zu Hause meiden

Anfang 2013 gab es einen Horrorbericht über die Vergewaltigung einer amerikanischen Studentin in Indien. Das war nicht nur international in den Schlagzeilen, sondern hat auch eine ganze Bewegung in Gang gesetzt, die darin mündete, dass Indien plötzlich als »gefährlichstes Land der Welt für weibliche Reisende« galt. Das geschah, als nicht nur eine, nicht zwei, sondern drei Freundinnen von mir allein durch das Land reisten. Sie waren die Ersten, die über diese Einschätzung empört waren.

Die amerikanische Touristin, so wurde später bekannt, hatte mit einheimischen und ausländischen Freunden einen Abend in einem Thermalbad verbracht. Sie blieb noch eine Weile, als die anderen schon gegangen waren, und entschied sich dann, per Anhalter nach Hause zu fahren. Um ein Uhr morgens. Allein. In einem fremden Land. Dabei betrug die Entfernung nur zwei Kilometer. Doch dann entwickelte sich die kurze Fahrt, für die sie zu drei Männern ins Auto gestiegen war, unglücklicherweise zu einem entsetzlichen Martyrium. Das Ereignis war tragischer, als Worte es beschreiben können. Jedoch zu wissen, dass es vermeidbar gewesen wäre, macht es so umso bedauernswerter. Mal ernsthaft, würden Sie um ein Uhr morgens in Ihrer Heimatstadt per Anhalter fahren? Ich verdammt noch mal nicht!

Geschichten wie diese sind nicht ungewöhnlich – vom Taxi oder der Mitfahrgelegenheit um ein Uhr morgens bis hin zur Fahrt auf einem thailändischen Motorroller in Flipflops und T-Shirt. Es scheint so, als würden sowohl Männer als auch Frauen im Ausland unendlich viel höhere Risiken eingehen, als sie es zu Hause jemals tun würden. Seien Sie einfach vorsichtig bei dem, was Sie tun, wann Sie es tun, wie Sie es tun und mit wem Sie es tun. Wenn Sie nicht einmal darüber nachdenken würden, das in der Sicherheit und Geborgenheit Ihrer Heimatstadt zu machen, dann tun Sie es auch im Ausland nicht!

Meiden Sie Alkohol, Drogen und exzessive Partynächte

Ich riskiere, wie ein echter Partymuffel zu klingen, aber wenn Sie auf Reisen alkoholgeschwängerte Partynächte vermeiden, dann haben Sie bereits viel dafür getan, nicht Opfer einer Straftat zu werden. Von Überfällen über Vergewaltigungen und Prügeleien bis hin zu Messerstechereien, vieles davon hat mit ein oder zwei Drinks in der Kneipe begonnen.

Einige Nomaden werden das bestreiten, obwohl sie wissen, dass es wahr ist. Keine Frage, gesellige Abende in fröhlicher Travellerrunde gehören genauso zu einer Reise wie das Ausgehen mit einheimischen Bekannten, um eine fremde Stadt bei Nacht zu erleben. Doch sollte man bei allem Vergnügen nicht vergessen, dass exzessiver Alkoholgenuss oft der Anfang vom Ende ist.

Ich gebe zu, dass es kaum etwas Herrlicheres gibt, als eine Flasche Wein am Ende einer harten Tagestour zu genießen. Sich am Lagerfeuer zu entspannen und den Sonnenuntergang mit einem Drink in der Hand zu beobachten, ist wahnsinnig idyllisch; aber sich bis zur Besinnungslosigkeit volllaufen zu lassen? Nicht wirklich. Besonders nicht in einem neuen Land, in das man gerade erst eingereist ist, oder mit Menschen, die man gerade erst kennengelernt hat. Wenn Sie es dennoch tun, machen Sie sich selbst zur Zielscheibe für Raubüberfälle, Körperverletzung oder Schlimmeres.

Ich bin leidenschaftlich gegen Drogenkonsum. Dafür habe ich zwei wichtige Gründe. Zunächst einmal ist meine Wahrnehmung der Welt einfach perfekt, und ich sehe keinen Grund, sie in irgendeiner Weise zu verzerren. Noch wichtiger ist, dass ich mir immer sehr bewusst darüber war, welche Gefahren die Einnahme oder auch nur der Besitz von Drogen im Ausland mit sich bringen kann.

Südostasien ist beispielsweise dafür bekannt, mit die strengsten Antidrogengesetze der Welt zu haben, wobei in Singapur die härtesten Strafen überhaupt verhängt werden. In den Gefängnissen dort findet man zahlreiche Ausländer, die mit Drogen in Berührung gekommen sind und nun der Todesstrafe entgegensehen. Während in der westlichen Welt

mittlerweile heftig darüber diskutiert wird, Cannabis zu lega-
lisieren, wird in Singapur jeder zum Tod durch Erhängen ver-
urteilt, der 500 Gramm oder mehr Marihuana besitzt. Zwar
ist in den letzten Jahrzehnten kein Besucher aus der westlichen Welt mehr erhängt worden, doch sitzen nach wie vor
zahlreiche Urlauber wegen Drogendelikten jahrelang im Gefängnis, da ihre Todesstrafe aus politischen und wirtschaft-
lichen Gründen nicht vollstreckt wird.

Ich habe viele Reisende kennengelernt, die heimlich etwas »guten Stoff« vom örtlichen Barmann oder von »neuen
Freunden« gekauft haben, nur um dann wenige Minuten
später vom Polizistencousin verhaftet zu werden. Diese Art,
jemanden hereinzulegen, zählt zu den am Weitesten verbrei-
teten Reisefallen der Welt. Insbesondere in Südamerika und
Asien werden Sie jede Menge korrupte Polizisten finden, die
beim Gedanken daran, Sie und Ihre Familie wie eine Weih-
nachtsgans ausnehmen zu können, zu sabbern anfangen.
Sie inszenieren eine Verhaftung und verlangen Tausende für
Ihre Freilassung. Wenn Sie nicht wollen, dass Ihnen so etwas
geschieht, dann geben Sie den Ordnungshütern am besten
erst gar keinen Grund, Sie hopszunehmen.

Wissen um die *wahre* Gefahr

Ich mag kaum erzählen, wie viele junge Backpacker ich in
Südamerika getroffen habe, die sich **riesige** Sorgen um Über-
fälle, um Diebstähle und um mögliche Vergewaltigungen
gemacht haben. Dennoch haben sie sich ausnahmslos jedes
Mal für eine Fahrt mit dem Nachtfernbus entschieden, um
Übernachtungskosten und Zeit zu sparen. Dabei sind Ver-
kehrsunfälle vor allem in Entwicklungsländern eine ziemlich

alltägliche Angelegenheit und die weitaus größte Gefahr, die Reisende zu befürchten haben. Ich habe so dermaßen viele alte, klapprige Kisten mit kaputten Bremsen und Fahrern, die mit Drogen und Alkohol vollgepumpt waren, in Schluchten liegen gesehen. Das gilt vor allem für Südamerika und Asien.

Wenn Sie auf dem Landweg reisen, dann nehmen Sie nach Möglichkeit eine Bahn statt den Bus. Und was immer Sie tun, wählen Sie nie den Nachtbus, um Geld zu sparen. Teilen Sie längere Fahrten in mehrere Etappen auf, und setzen Sie sich in die Nähe des Fahrers, damit Sie ihn im Auge behalten können. Wenn er zu schnell fährt, dann halten Sie sich nicht zurück und sagen ihm, dass er »verflucht noch einmal langsamer« fahren soll. Wenn Sie mit Ihrem eigenen Fahrzeug unterwegs sind, dann achten Sie besonders auf andere. Fahren Sie nie, wenn Sie krank oder müde sind, und möglichst auch nicht nachts. Wir tun das nie, was nicht nur daran liegt, dass es angenehmer ist, ein Camp in der Wildnis im Tageslicht zu errichten, sondern auch aus Sicherheitsgründen.

Üben Sie sich in Zurückhaltung

Ich habe schon ganz normale, intelligente Leute dabei beobachtet, wie sie unterwegs mit Blick auf ihre persönliche Sicherheit wirklich dumme Dinge getan haben, zum Beispiel eine teure Kameraausrüstung, ein Laptop, ein Tablet, ein Smartphone oder Taschen voller Geld offen herumzutragen oder in Sichtweite von Hauptstraßen und Städten wild zu campen.

Wenn Sie durch ein Land reisen, in dem das durchschnittliche Jahreseinkommen einen Bruchteil dessen beträgt, was

Sie für Ihre jüngste Canon oder Nikon ausgegeben haben, dann können Sie sicher sein, dass Sie ungebetenen Besuch erhalten, wenn Sie mit dem Ding in der Öffentlichkeit herumwedeln. Ja, ich habe selbst eine wunderbare digitale Spiegelreflexkamera, doch dieses Baby nehme ich nur in die Hand, wenn die Lage sicher ist. Bei allen anderen Gelegenheiten benutze ich eine kleine Pocketkamera, die gerade mal 50 Euro gekostet hat, und ein Uralthandy. Jeder Teenager, der etwas auf sich hält, würde lieber in der Erde versinken, als sich mit einem dieser beiden Geräte erwischen zu lassen, geschweige sie zu stehlen.

Wenn wir im Freien campen, dann achten Chris und ich darauf, dass so wenig wie möglich von uns zu sehen ist. Das machen wir sogar in vergleichsweise sicheren Ländern wie Italien, Kroatien und Griechenland. Es ist auch empfehlenswert, dass Ihr Lagerfeuer nicht die Ausmaße eines Osterfeuers annimmt. Es hat ja keinen Zweck, wenn Sie Ihr Zelt zwischen Büschen vor dem vorbeifahrenden Verkehr verstecken, Ihre Rauchsignale aber noch aus dem All zu erkennen sind!

Es ist durchaus sinnvoll, sich anzugewöhnen, auf alle Eventualitäten vorbereitet zu sein. Legen Sie sich einen Plan zurecht, wie Sie auf einen unerwünschten nächtlichen Besucher reagieren werden. Es ist vernünftig, voll bekleidet zu schlafen (kein Mensch sieht in Boxershorts mit Snoopy-Aufdruck bedrohlich aus … nicht einmal Chris) und irgendeine Art Waffe griffbereit zu haben. Sollten wir jemals bedroht werden, dann bin ich mir ziemlich sicher, dass sogar ich Zwerg einem Angreifer mit meinem Helm einen gewaltigen Schlag auf den Kopf versetzen könnte. Wenn nötig können sogar Zeltpflöcke todbringende Waffen sein. Parken Sie, für den Fall, dass Sie überstürzt flüchten müssen, Ihr Fahrzeug mit der Front zum Weg, der von Ihrem Zeltplatz wegführt, und stellen Sie sicher, dass alles gut verpackt ist, bevor Sie schlafen gehen. Sollten Sie ungebetenen Besuch erhalten, dann nehmen Sie sich einen Augenblick Zeit, die Situation einzuschätzen. Denn vielleicht ist es ja nur ein Trunkenbold mit Unfug im Kopf. In den meisten Fällen sind ein Lächeln und das Angebot einer Zigarette Anreiz genug, um einen Feigling und Gelegenheitsdieb zum Trollen zu bewegen.

Teilen und verstecken Sie Ihr Geld

Teilen Sie Ihr Geld auf und verstecken Sie es an unterschiedlichen Plätzen. Dann gehen die Risiken, dass Sie alles auf einen Schlag verlieren, gegen null. Meine Gesäßtaschen benutze ich für nichts anderes als meine Zigaretten, meinen Rucksack trage ich immer vor mir. Ich habe außerdem die Angewohnheit, ein zweites Portemonnaie griffbereit bei mir zu haben. Dies ist ein billiges Exemplar mit Klettverschluss, in dem ein paar Fünf-Dollar-Scheine stecken. Sein einziger Zweck ist, einen Möchtegernräuber zufriedenzustellen. Denn niemand würde je glauben, dass ein Reisender ohne einen einzigen Cent in der Tasche unterwegs ist. Wenn ein Straßenräuber mehr will, dann habe ich immer noch Chris, der 1,94 Meter groß ist und noch nie schikaniert, geschweige denn ausgeraubt worden ist!

Die Moral von der Geschichte? Tragen Sie nur bei sich, was Sie auch zu verlieren bereit sind.

111

Achten Sie auf Ihre Umgebung

Sie sollten sich unbedingt angewöhnen, sich noch einmal umzuschauen und zu prüfen, ob Sie nichts vergessen haben, wann immer Sie von einem Stuhl in einem Café oder Restaurant aufstehen. Reisende haben tagtäglich viel mehr Zeug dabei als die meisten Einheimischen (Jacke, Helm, Rucksack, Kamera etc.), sodass es manchmal eine wahre Herausforderung werden kann, alles immer im Blick zu behalten.

Sich stets Ihres Umfelds bewusst zu sein, ist etwas, was Sie üben sollten, bis es zu Ihrer zweiten Natur wird. Überprüfen Sie Ihre Umgebung, bevor Sie Geld am Bankautomaten abheben und auch danach noch einmal. Erzählen Sie Zufallsbekanntschaften niemals, wo Sie übernachten (Sie verraten zu Hause ja auch nicht jedem, wo Sie wohnen), und spitzen Sie Ihre Ohren, wenn Sie mitten in der Nacht vor Ihrem Zelt ein Geräusch hören. Was meine persönliche Sicherheit betrifft: Wenn ich wählen müsste, ob ich naiv oder rüde wirke, dann würde ich mich für Letzteres entscheiden.

Verhalten Sie sich selbstsicher

Ich bin noch nie Opfer von Bagatelldelikten gewesen, auch nicht in der Zeit, bevor ich Chris getroffen habe. Selbst wenn ich immer zahlreiche Vorsichtsmaßnahmen getroffen habe, so glaube ich doch, dass es auch viel mit der Art zu tun hat, wie ich mich verhalte, gehe und rede.

Ich mag – auf Zehenspitzen – nur 1,70 Meter groß sein, aber ich fordere jeden heraus, es in einer dunklen Gasse mit mir aufzunehmen. (Bitte beachten Sie die Rhetorik, und seien Sie nett zu mir, wenn wir uns jemals in einer dunklen Gasse begegnen sollten!) Dass ich nicht wie ein jammernder, wehrloser Angsthase auftrete, wirkt in puncto Sicherheit wahre Wunder. Ich trage außerdem Stiefel mit Stahlkappen und muss kein Kung-Fu-Experte sein, um zu wissen, was diese für empfindliche weiche Hoden bedeuten können. Wenn Sie vor Ihrer Abreise einen Selbstverteidigungskurs besuchen wollen, dann machen Sie das auf jeden Fall. Steigt dadurch Ihre Selbstsicherheit, sind Zeit und Geld gut investiert.

Gehen Sie zielstrebig, halten Sie sich aufrecht und starren Sie Leuten ins Gesicht, wenn Sie glauben, dass diese etwas im Schilde führen. Gelegenheitsdiebe sind normalerweise Feiglinge, besonders wenn es um ausländische Frauen geht. Sie haben Geschichten darüber gehört, wie modern und emanzipiert westliche Frauen sind, und das kann sie zögern lassen. Nutzen Sie das zu Ihrem Vorteil.

Aber bleiben Sie vernünftig!

Das zuletzt Gesagte bedeutet nicht, dass ich meinen inneren Bruce Lee nach außen kehren würde, wenn ich jemandem über den Weg laufe, der eine Schusswaffe oder ein Buschmesser in Händen hält. Ganz allgemein sollte man sich als Reisender sowieso am besten passiv verhalten, falls man nicht absolut davon überzeugt ist, seinen Angreifer überwältigen zu können. Denn sein Leben wegen eines Portemonnaies, einer Kamera oder sonstiger Dinge aufs Spiel zu setzen, ist einfach nur ziemlich dämlich. Sollten Sie auf Ihrer Reise mit einer Schusswaffe bedroht werden, dann ist es sicherlich am intelligentesten, sich ruhig und kooperativ zu verhalten.

Männer, haltet Euer Testosteron unter Kontrolle

Während reisende Frauen am meisten unter Machoverhalten zu leiden haben, ist das bei Männern seltener der Fall. Diese werden normalerweise nicht Opfer von sexuellen Belästigungen in Form von Pfiffen, Busen- und Pograpschern oder aggressiver Anmache. Dafür laufen sie jedoch Gefahr, von einheimischen Männern herausgefordert zu werden, die entschlossen sind, ihre Männlichkeit zu beweisen. Es ist weltweit ein beliebter Sport junger Kerle, in Kneipen oder Bars eine Schlägerei mit Ausländern vom Zaun zu brechen. Obwohl es sicherlich extrem schwierig ist, sich so einer Situation zu entziehen und ruhig zu bleiben, sollten Sie als Mann genau das tun. Denn die Einheimischen sind normalerweise mit Freunden unterwegs, die sich gegenseitig anstacheln, ihre Kräfte mit Fremden zu messen. So ein Verhalten würde man normalerweise nur bei Gorillas, Löwen oder Wölfen erwarten, doch sind Menschen, was diese Form des Dominanzgehabes angeht, nicht viel besser. Seien dann wenigstens Sie so intelligent, dem programmierten Ärger aus dem Weg zu gehen und die Kneipe oder Bar schleunigst zu verlassen.

Beugen Sie sich nicht dem Gruppendruck

Warum ist es immer nur das Gleiche? Wann immer mir ein Freund von seiner letzten haarigen Begegnung mit einem zweifelhaften Charakter erzählt, beginnen die Geschichten jedes Mal mit »Also, ich habe diesen Reisekumpel eines Nachts kennengelernt …«.

114

Ein neuer Reisebegleiter kann unter Umständen die größte Gefahr für Ihre Sicherheit bedeuten. Menschen, die weniger Wert auf Vorsichtsmaßnahmen legen, werden die falschen Dinge tun, planen oder sagen, und Sie werden die Konsequenzen zu spüren bekommen. Es ist das Prinzip von »mitgegangen, mitgefangen«, das sich häufig in freundlichen Backpackerhostels und Bars einschleicht.

Es mag sein, dass Sie sich niemals in einem fremden Club betrinken, ein Moped ohne Schutzkleidung fahren oder allein mitten in der Nacht per Anhalter unterwegs sind; in falscher Gesellschaft kann man sich jedoch leicht zu allen drei Dingen überreden lassen, vielleicht sogar in nur einer Nacht. Dass man zu mehreren sicherer ist, spielt dabei nur eine sehr untergeordnete Rolle. Egal wie alt und erfahren Sie sind: In Begleitung lässt man sich leicht dazu animieren, mehr als üblich zu riskieren. Niemand ist gegen einen solchen Gruppendruck gefeit. Bleiben Sie standhaft, und vertrauen Sie Ihren Instinkten. Das sollte Ihnen helfen, keinen Mist zu bauen und unnötige Risiken einzugehen.

Bleiben Sie gesund

Menschen, die eine Langzeitreise ins Auge fassen, haben oft gesundheitliche Bedenken. In Wahrheit ist es jedoch gar keine so große Herausforderung, unterwegs fit und gesund zu bleiben. Natürlich fängt man sich einmal im Jahr einen Magen-Darm-Virus und hin und wieder eine Grippe ein, doch im Großen und Ganzen ist es unterwegs nicht gefährlicher als zu Hause. Sicherlich werden Sie mehr Krankheiten ausgesetzt sein, als Sie es in Deutschland jemals gewesen wären, doch das ist kein Grund zur Panik.

Tatsächlich bringt das Nomadenleben in freier Natur nicht wenige gesundheitliche Vorteile mit sich! Meine Freunde zu Hause, die in Büros mit verstopften Klimaanlagen arbeiten oder deren Kinder Millionen Bazillen aus dem Kindergarten mit nach Hause bringen, scheinen jedes Jahr viel häufiger krank zu sein als ich. Bleiben Sie gesund und glücklich – hier sind meine besten Tipps:

Koch es, schäl es oder vergiss es

Diese sehr einfache Obst- und Gemüseregel wird Ihnen dabei helfen, Fluch Nummer eins eines jeden Nomaden abzuwehren: die Magen-Darm-Infektion. Es gibt viele Gründe, warum man mit frischen Lebensmitteln vorsichtig sein sollte, besonders in Dritte-Welt-Ländern. Während manch einer in westlichen Industrieländern eher über gentechnisch veränderte Lebensmittel besorgt ist, geht in den meisten anderen Teilen der Welt die größte Gefahr schon allein von unzureichenden hygienischen Zuständen aus. Es ist ja gut und schön, wenn der Apfel ungespritzt bleibt, bis er vom Baum fällt. Doch die Tatsache, dass der Bauer oder Händler nicht mit der Benutzung von Toilettenpapier vertraut ist, wird dazu führen, dass sich Ihr Gedärm qualvoll windet. Auf der Straße bekommt der Ausdruck »biologisches Erzeugnis« so eine völlig andere Bedeutung. Darüber hinaus wird vieles, was auf größeren Farmen produziert wird, immer noch mit DDT gespritzt, ein Pflanzenschutzmittel, das in den westlichen Ländern schon seit den 1970er-Jahren verboten ist. Falls Sie also mit rohem Obst und Gemüse nicht sehr umsichtig umgehen, werden Sie aus dem einen oder anderen Grund mit schwerwiegenden gesundheitlichen Folgen rechnen müssen.

Wenn Sie schließlich dem Magen-Darm-Virus erliegen (beachten Sie, dass ich nicht »falls« sage), sollten Sie Ihrem Körper alles Weitere überlassen. Bleiben Sie ein paar Tage an einem gemütlichen Ort mit jederzeit zugänglicher Toilette in Ihrer Nähe und harren Sie aus. Eines der abträglichsten Medikamente, die Sie in diesem Zustand nehmen könnten, ist Imodium akut (weltweit als Gastro-Stop bekannt), das die Darmtätigkeit einfach nur bis auf Weiteres unterdrückt. Irgendwann muss der ganze Mist aber mal raus, und wenn das dann passiert, wird es sehr, sehr unangenehm! Ich habe Reisende erlebt, bei denen sich eine einfache Magen-Darm-Erkrankung durch die Einnahme von Loperamidhydro-chlorid über Wochen hingezogen hat, weil sie einfach nicht die Geduld hatten, ihren Magen-Darm-Trakt in Ruhe zu lassen. Dieses Medikament ist allerdings von unschätzbarem Wert, wenn Sie einen Flug oder eine lange Busreise antreten **müssen** und absolut keine Chance haben, an Ort und Stelle zu bleiben.

Wenn Sie allein in einem Hostel oder auf einem Camping-platz sind und krank werden, dann zögern Sie nicht, andere Reisende um Hilfe zu bitten. Wir hatten alle schon damit zu tun und sind gern bereit, mit Rehydrierungslösung auszuhel-fen, eine Suppe zu kochen oder ein Bett frisch zu beziehen. So froh ich darüber bin, in Zeiten der Not Hilfe bekommen zu haben, so gern werde ich jederzeit selbst helfen … wie viele andere auch.

Desinfizieren Sie Ihre Hände

Es ist völlig sinnlos, Weintrauben zu waschen oder zu schä-len, wenn Sie gleichzeitig ein riesiges mikroskopisch kleines Volk unter Ihren Fingernägeln beherbergen. Ein Desinfektionsmittel für unterwegs und fließendes Wasser (aus der Flasche) werden die Keimkolonie weitgehend entvölkern. Wenn Sie Mahlzeiten teilen, bestehen Sie darauf, dass jeder sein eigenes Besteck benutzt, und nehmen Sie niemals Essen mit bloßen Händen von gemeinschaftlich genutzten Tellern. Ich habe erlebt, wie sich ein Magen-Darm-Virus in einem Tourbus unter 24 Reisenden schneller ausgebreitet hat, als ich »Wascht eure verdammten Hände« schreien konnte. Achten Sie sorgfältig auf Ihre Hygiene und die Ihrer Reisebegleiter, dann können Sie sich viele Erkrankungen ersparen.

Gehen Sie weiter zur Vorsorge

Wenn Sie zu Hause sind, dann gehen Sie vermutlich regelmäßig zur Vorsorge zum Zahnarzt und zu Ihrem Hausarzt. Als Frau lassen Sie etwa alle zwölf Monate eine Krebsvorsorge und ab einem bestimmten Alter auch eine Mammografie machen. Sie wollen wissen, wie Sie unterwegs gesund bleiben? Machen Sie einfach so weiter! Die beste Art, fit zu bleiben, ist das Vermeiden von Problemen, bevor diese überhaupt auftauchen.

Ich habe auf jedem Kontinent einige erstaunlich gute Allgemeinärzte und Gynäkologen gefunden. Egal wohin Sie reisen, es gibt überall medizinische Zentren, die von internationalen Organisationen geleitet werden. Diese bieten eine erstklassige Betreuung zu einem Bruchteil dessen, was die Behandlung in Deutschland kosten würde. In großen Städten hat man die bei Weitem besten Möglichkeiten, gute Ärzte zu finden. Eine umfangreiche Liste erhalten Sie bei Ihrer Botschaft in dem Land, in dem Sie sich gerade aufhalten. Da jede westliche Botschaft solche Listen hat, ist es auch nicht tragisch, wenn Ihr Land dort nicht über eine Botschaft verfügt. Kontaktieren Sie einfach das Konsulat eines anderen westlichen Lands.

Wissen, was los ist

Wenn Sie die Gesundheitshinweise beachten, die Ihre Regierung für Ihr Reiseziel herausgibt, dann landen Sie nicht ungewollt mitten in einem medizinischen Krisengebiet. Auch der abenteuerlustigste Overlander möchte sich nicht inmitten einer Pestepidemie wiederfinden! Obwohl ich die Reisehinweise von Regierungen normalerweise mit einer großen Portion Vorsicht genieße, beachte ich doch die Warnungen vor gesundheitlichen Risiken, da Epidemien die Eigenschaft haben, sich sehr schnell zu verbreiten. In Entwicklungsländern zweifle ich auch die Fähigkeit der einheimischen Regierung an, solche Epidemien eindämmen zu können. Es ist also grundsätzlich eine gute Sache, sich während solcher Katastrophen fernzuhalten.

Bleiben Sie fit

Ich weiß, wie schwer es ist, eine Art Trainingsroutine in seinen Tagesablauf zu integrieren. Mir ist auch klar, dass viele Reisende wesentlich aktivere Leben führen als ihre Karriere machenden Freunde zu Hause. Dennoch neigen mehr als nur einige Langzeitnomaden dazu, jeden Abend Alkohol zu trinken und viel Fast Food oder anderen Mist zu essen, den sie im Vorbeigehen mitnehmen. Gleichzeitig treiben sie überhaupt keinen Sport. Man kann jedoch ziemlich schnell zum Homer Simpson mutieren, wenn niemand mehr darauf achtet und man selbst keine Ahnung vom Kochen hat. Gesunde Ernährung und regelmäßiger Sport sind daher das Beste, was Sie für Ihr Immunsystem tun können.

Auf Reisen fühlt sich jeder Tag wie ein Sonntag an. Aber das heißt noch lange nicht, dass Sie sich auch so verhalten sollten. Von ein bisschen Disziplin und gezielten Anstrengungen in Form von Joggen, Seilspringen oder auch Yoga ein paar Mal die Woche wird Ihre Gesundheit enorm profitieren. Und nein, das Heben einer Maß Bier zählt nicht als Bizeps-Curl!

Verlassen Sie sich (meistens) auf die Medikamente der einheimischen Pharmazie

Es ist nicht notwendig, eine riesige Reiseapotheke mitzuschleppen, die mit allen nur erdenklichen Medikamenten für jede bekannte Krankheit vollgepackt ist. Diese würde viel zu viel Platz wegnehmen. Und es gibt noch einen anderen wichtigen Grund, warum es keine so gute Idee ist, so etwas mitzunehmen.

In vielen Fällen bekommt man verschreibungspflichtige Medikamente im Ausland besser und wesentlich billiger, vor allem in Entwicklungsländern. Hierfür sind Malariamedikamente ein gutes Beispiel: Coartem, das man in Afrika erhält, ist etwa zehnmal billiger und hundertmal wirkungsvoller als jedes Malarone oder Lariam, das Sie in Europa kaufen können. Da die Malariaerreger schnell resistent werden, ist der Bedarf an einer konstanten Weiterentwickelung der Medikamente sehr hoch. Diese kommen in den Ländern südlich der Sahara eher auf den Markt, da sie dort am dringendsten gebraucht werden. Rund 90 Prozent der jährlich insgesamt eine Million Malariatoten sind in dieser Region zu beklagen. Um die Nachfrage befriedigen zu können, wurde das zeitintensive Zulassungsverfahren für neue Medikamente hier drastisch verkürzt. Coartem kam in den USA erst 2008 offiziell auf den Markt, während es in Südafrika bereits seit 2001 zur Verfügung steht.

Ganz gewöhnliche Medikamente wie Paracetamol oder Ibuprofen, aber auch Breitbandantibiotika lassen sich überall erstaunlich preiswert bekommen. Es ist also nicht notwendig, sie zu horten. Sie sollten aber wissen, dass es auch Fälschungen gibt. Kaufen Sie Medikamente daher nur in seriösen Apotheken.

Beugen Sie Malaria vor

Von allen tropischen Krankheiten, auf die Sie unterwegs treffen können, ist Malaria diejenige, über die die Meinungen am weitesten auseinandergehen. Einige meinen, dass man vor dem Antritt einer Reise in ein Malariagebiet prophylaktisch Medikamente einnehmen sollte. Andere sind hingegen der Ansicht, dass die von der Malaria hervorgerufenen Leberschäden geradezu läppisch sind im Vergleich zu den Schäden, die eine Langzeitprophylaxe verursachen kann.

Malaria kann unter bestimmten Umständen tödlich verlaufen. Eine Vorbeugung ist aber auch ohne Medikamente möglich. Wenn Sie einige Zeit in Risikogebieten verbringen wollen, dann sollten Sie lange und gründlich über die für Sie beste Lösung nachdenken. Hätte ich Afrika nur für ein paar Wochen besucht, dann hätte ich vielleicht eine Malariaprophylaxe gemacht. Weil ich aber jahrelang dort war, habe ich darauf verzichtet.

Einige Prophylaxemedikamente können fürchterliche Nebenwirkungen haben und bei manchen Reisenden zu schweren Sonnenbränden, Leberschäden oder schrecklichen Halluzinationen führen. Ein paar ganz Unglückliche leiden sogar unter allen drei. Bedenkt man, dass kein Medikament hundertprozentig schützt, habe ich mich dafür entschieden, vor allem darauf zu achten, dass ich nicht von Moskitos gestochen werde. Das tat ich, indem ich mit beinahe religiösem Eifer ein Repellent benutzte (DEET ist akzeptabel, solange man es vor dem Schlafengehen abwäscht) und lange Kleidung trug. Ich war längere Zeit in Malariagebieten und habe sie nie bekommen. Wenn ich das Gefühl hatte, dass eine Erkältung im Anflug war, dann habe ich Coartem genommen, denn wenn man keine Prophylaxe macht, dann ist es wichtig, alle grippeähnlichen Symptome wie einen Malariaausbruch zu behandeln.

Das größte Risiko der Prophylaxe liegt darin, dass sie die Leute selbstgefällig werden lässt. Chris und ich haben 2009 in Addis Abeba ein französisches Ehepaar kennengelernt. Die Frau entwickelte nach nur einem Tag im Camp Malariasymptome. Weil die beiden einige Zeit in Tansania verbracht hatten, wo ein sehr hohes Malariarisiko besteht, bot ich ihr sofort Coartem an. Sie schlug mein Angebot aus und sagte, dass sie bereits Malarone nähme und es ein paar Tage »aussitzen« wolle, um zu sehen, ob es ihr dann besser ginge. Als sie schließlich mit Malariadiagnose im Krankenhaus landete, waren drei Tage vergangen. Hätte sie im unglücklicheren Fall zerebrale Malaria gehabt, dann wäre sie tot gewesen. Ist das das Risiko wert? Aus meiner Sicht nicht!

Wenn Sie in Regionen unterwegs sind, in denen ein Malariarisiko besteht, dann **müssen** Sie **jedes** Symptom als Malariaanzeichen deuten, egal ob Sie irgendein Prophylaxemedikament nehmen, und entsprechend handeln. Haben Sie immer ausreichend Coartem für eine Behandlung greifbar (oder was auch immer das neueste Medikament ist, wenn Sie reisen), und gehen Sie **niemals** davon aus, dass Sie immun sind, nur weil Sie präventiv Medikamente einnehmen. Nehmen Sie einfach diese verdammten Pillen!

Das Tollwutrisiko kennen

Auf einer umfangreichen Liste mit Gesundheitstipps für Reisende finden Sie normalerweise immer einen Hinweis darauf, sich möglichst von Hunden, Katzen, Eseln, Pferden, Stachelschweinen und allen anderen Tieren fernzuhalten, um das Tollwutrisiko und andere Risiken zu minimieren. Weil ich aber nun einmal die Tierliebhaberin bin, die ich bin, bringe ich es einfach nicht fertig, Ihnen das zu raten. Das Füttern und stundenlange Spielen mit herumstreunenden Hunden zählt beim Reisen zu meinen Lieblingsbeschäftigungen.

Ich bin niemals gebissen worden und habe mir auch nie irgendeine Krankheit von einem räudigen, herzergreifend dreinblickenden Welpen auf der Suche nach ein bisschen Liebe geholt. Wenn man bedenkt, dass ich das seit fast zehn Jahren ohne irgendwelche negativen Konsequenzen tue, würde ich sagen, dass der Kontakt zur einheimischen Tierwelt das Risiko für Tierliebhaber wert ist.

Was also tun? Unglücklicherweise ist Tollwut überall auf der Welt eine reale Gefahr, da sie fatale Folgen haben kann. Sie müssen sich vor Beginn Ihrer Reise impfen lassen, dürfen darüber aber nicht vergessen, dass diese Impfung den Ausbruch der Tollwut nicht verhindern kann. Sie verschafft Ihnen lediglich etwas Zeit, im Fall der Fälle einen Arzt aufsuchen und die richtige Spritze bekommen zu können. Denken Sie daran, dass es nicht nur Bisse sind, bei denen Tollwut übertragen werden kann. Leider reicht schon ein kleiner, offener Hautkratzer, über den ein Tier leckt, oder der Kontakt des Speichels, in dem sich die Erreger befinden, mit Schleimhäuten (Nase, Mund, Augen). Daher ist die Handdesinfektion auch so wichtig, damit Sie sich zum Beispiel nicht aus Versehen die Augen reiben, nachdem Ihre Hände gerade abgeleckt wurden.

Sich um vierbeinige Freunde zu kümmern, zählt zu den besonders bereichernden Aspekten des Reisens. Chris und ich haben unzählige Nächte damit verbracht, unser Zelt mit knuddeligen Streunern zu teilen, obwohl ich dabei die Flasche mit dem Handdesinfektionsmittel immer griffbereit habe. Ich denke, Sie sollten einfach mit einem pelzigen Freund kuscheln, wenn Sie sich dabei wohlfühlen. Es ist ja nicht nötig, Zungenküsse auszutauschen.

... und vermeiden Sie zu engen Körperkontakt mit Menschen

Ich habe mich zwar noch nie bei einem Tier angesteckt, aber schon bei zahlreichen Leuten. Erkältungen, Husten und Magen-Darm-Erkrankungen verbreiten sich unter Menschen wie Buschfeuer. Wenn Sie also irgendetwas vermeiden

124

sollten, dann ist es der enge Kontakt mit unserer Spezies. Knuddeln Sie stattdessen lieber Hunde. Das ist mit Blick auf die Statistik sicherer.

Seien Sie bei Krankheiten verschwenderisch

Egal wie magersüchtig Ihr Budget ist, investieren Sie in ein komfortables Hotel, wenn Sie krank sind. Es ist schlimm genug, unterwegs zu erkranken, und es gibt keinen Grund, dann noch zusätzlich zu leiden. Sie werden später noch genug Zeit haben, Ihr Budget entsprechend anzupassen und die unerwarteten Kosten wieder einzusparen.

…

Auf der Basis, dass man unterwegs absolut alles kaufen kann, was man braucht, füge ich hier eine Liste mit Dingen hinzu, die ich normalerweise bei mir habe. Denn hämmernde Kopfschmerzen überraschen einen ja nie an einem sonnigen Nachmittag inmitten einer Stadt, sondern immer um vier Uhr morgens, wenn man im Schlafsack eingemummelt mitten in der Pampa liegt. Wenn Sie die folgenden Dinge griffbereit an einem trockenen, kühlen Platz aufbewahren, sollten Sie gut klarkommen! Das Einzige, was Sie darüber hinaus noch brauchen könnten, sind Medikamente, die Sie ohnehin regelmäßig einnehmen müssen.

Grundausstattung einer Reiseapotheke
- Erste-Hilfe-Anweisung für Reanimation und Wundversorgung
- Pinzette zum Entfernen von Splittern
- Pflaster, zwei sterile Kompressen, eine Mullbinde

- Einwegampullen mit Augentropfen
- Fieberthermometer
- Desinfektionsmittel
- ein Breitbandantibiotikum
- Paracetamol: gut bei Gelenkschmerzen, leichten Regel-schmerzen und Kopfschmerzen. Geeignet bei Erkältungen und Grippe für Menschen, die ASS nicht vertragen, sowie tagsüber, da es nicht schläfrig macht. Wirkt nicht entzün-dungshemmend.
- Ibuprofen: wirkt als nichtsteroidales Antirheumatikum entzündungshemmend, fiebersenkend und schmerzstil-lend. Gut bei Muskelschmerzen, Zahnschmerzen und starken Regelschmerzen. Kann schläfrig machen, daher am besten nachts verwenden. Verursacht weniger Magen- und Leberprobleme als ASS.
- ASS: ebenfalls ein nichtsteroidales Antirheumatikum. Gut bei Fieber, Erkältungen und Grippe. Besser als Ibupro-fen geeignet, wenn man Herzprobleme hat. Kann jedoch Magenprobleme verursachen. Wirkt schneller als Ibu-profen.

Paracetamol und Ibuprofen können gleichzeitig eingenom-men werden, beispielsweise bei sehr starken Schmerzen. Das kann sinnvoll sein, wenn man allein unterwegs ist und sich beispielsweise einen Arm bricht, trotzdem aber wach und halbwegs mobil bleiben muss. Hoch dosiert kann man die Kombination als Narkosemittel verwenden, wenn man jemanden bewusstlos halten möchte, während man auf Hilfe wartet.

Wichtig: Fragen Sie auf jeden Fall einen Arzt oder Apothe-ker nach der richtigen Dosierung und möglichen Nebenwir-kungen aller Medikamente, die Sie mitnehmen möchten.

Der Umgang mit chronischen Krankheiten

Ich war so blöd, mir 2007 in Südamerika eine so exotische wie schwerwiegende Art des Pfeifferschen Drüsenfiebers einzufangen, die mir eine lange Genesungsphase zu Hause bei meiner Familie bescherte. Eine der Folgen des Fiebers war ein sogenanntes Chronisches Erschöpfungssyndrom, das dazu führte, dass ich sechs Monate lang täglich 16 Stunden geschlafen habe. Glücklicherweise erholte ich mich irgendwann wieder davon und konnte meine Reise fortsetzen. Dennoch gibt es viele Krankheiten und Unfälle, die das Nomadenleben für immer beenden können.

Vor Kurzem habe ich von einem 30 Jahre alten amerikanischen Reisenden gehört, der in Afrika gestorben ist, nachdem er einen erneuten schweren Malariaausbruch hatte. Das passierte, da er sich nie die Zeit genommen hatte, sich von früheren Ausbrüchen zu erholen. Es gibt aber absolut keinen Grund, warum Ihnen das jemals so ergehen sollte. Denn als Ausländer haben Sie im Gegensatz zu den Einheimischen die Möglichkeit, das Land in so einer Situation zu verlassen und sich dorthin zu »flüchten«, wo Sie in Ruhe genesen können. Das kann zu Hause sein oder auch ein besser entwickeltes und weniger risikoreiches Reiseland. Wenn Ihre Gesundheit leidet, dann kümmern Sie sich darum! Sollte an Ihrem Aufenthaltsort keine umfassende Versorgung möglich sein, dann verlassen Sie diesen und setzen Ihre weitere Reise erst fort, wenn Sie wieder völlig gesund sind. Ihre Freiheit wird sich deshalb nicht gleich in Luft auflösen!

Wie man sich
auf ein neues Land vorbereitet

Es gibt allerlei Tricks, wie man als Reisender das erste Eintauchen in ein neues Land relativ stressfrei gestalten kann. Wenn man weiß, was man zu erwarten hat, dann kann man das Risiko eines Kulturschocks reduzieren und auch die Gefahr, einen Fauxpas zu begehen oder jemanden unbeabsichtigt zu beleidigen, minimieren. Das kann in Ländern überlebenswichtig sein, in denen eine strikte Moralvorstellung oder ein strenger Verhaltenskodex existieren. Sollten Sie beispielsweise an der Grenze zu einem arabischen Land in Shorts und Unterhemd auftauchen, dann wundern Sie sich nicht, wenn die Grenzbeamten Sie wieder dorthin zurückschicken, wo Sie herkommen. Ja, das hätten Sie besser wissen müssen. Im Nordsudan ist es Frauen noch nicht einmal gestattet, Hosen zu tragen, mal ganz davon abgesehen, auch nur das kleinste bisschen nackte Haut zu zeigen. Tragen Sie als Frau trotzdem welche, können Sie dafür öffentlich ausgepeitscht werden.

Indem Sie sich schlaumachen, können Sie viel für Ihre eigene Sicherheit tun. Zu diesem Zweck empfehle ich folgende Dinge, die Sie vor dem Grenzübertritt in ein unbekanntes Land machen sollten:

Schauen Sie sich einige Filme an,
die Sie ganz bewusst auswählen

Sich Filme und Dokumentationen anzusehen, die von einem bestimmten Land handeln oder in diesem spielen, ist sicherlich eine beliebte Methode, um einen Eindruck von dem

Leben dort zu bekommen. Man kann sich dabei jedoch nicht darauf verlassen, auch einen realistischen Einblick zu erhalten. Denn die Filme werden oft unter der Regie von Ausländern produziert und sind zweifellos mit einem vorgegebenen Ziel im Kopf entstanden. Sie sind oft dermaßen einseitig, wie ich es auf meinen Reisen noch nie in einem Land erlebt habe.

Manchmal wird das Bild, das in den Medien verbreitet wird, von den historischen, politischen oder kulturellen Beziehungen beeinflusst, die zwischen dem Land, in dem der Film produziert wird, und dem Land, in dem der Film spielt, herrschen. So ist es beispielsweise befremdlich, dass bis vor zwei Jahrzehnten die bösen Buben in amerikanischen Filmen meist Deutsche waren. In den nächsten 20 Jahren waren es dann Russen. Und wenn Sie heute einen amerikanischen Politthriller anschauen, dann spielen in der Regel arabische Schauspieler die Schurken. Ich muss wohl nicht extra erwähnen, dass die Blockbuster mit den großen Budgets selten gute Quellen für Kulturinformationen sind!

Aber natürlich gibt es immer Ausnahmen. *Der letzte König von Schottland – In den Fängen der Macht* bringt den Zuschauern sehr gut die Ereignisse der jüngsten Vergangenheit Ugandas nahe (mit einem Schuss künstlerischem Hollywood-Flair als Zugabe) und hilft ihnen zu verstehen, warum die Bevölkerung bis heute vor allem noch psychisch darunter leidet. Ich hatte die Möglichkeit, den Film zu sehen, als ich in Uganda im Auftrag einer NGO in der Entwicklungshilfe gearbeitet habe, aber nur hinter verschlossenen Türen und mit allergrößter Diskretion. Es war absolut tabu, laut über Idi Amins brutale Gewaltherrschaft zu sprechen. Ich habe mich zusammen mit einem Team westlicher Ärzte eines späten Abends in einem abschließbaren Schlafraum versteckt, wo

129

wir den Ton sehr leise gestellt haben, um unseren ugandi-schen Kollegen das Lauschen unmöglich zu machen.

Meistens schneiden Dokumentationen kaum besser ab. Wenn ihr Blick nicht durch eine rosarote Brille gerichtet ist, dann sind sie unverhohlen feindselig. Ein ausgewogenes und objektives Porträt irgendeines Orts der Welt gibt es eigent-lich nicht. Aus dem einen oder anderen Grund wollen die Regisseure einen offenbar davon überzeugen, dort den nächs-ten Urlaub zu machen oder zu denken, dass es sich um den unzivilisierten Fleck der Welt handelt.

Ich persönlich finde, dass Filme und Dokumentationen, die im betreffenden Land produziert werden, einen viel zu-treffenderen Einblick in das Land und seine Kultur geben. Das gilt natürlich nur dann, wenn das Land keine Diktatur ist, in der es keine Presse- und Meinungsfreiheit gibt und die nur propagandistische Filme zulässt. Daher liebe ich auch Naturdokumentationen, die nur selten versteckte politische Botschaften enthalten.

Es bleibt also dabei: Wer sich ein realistisches Bild eines Landes machen und dafür Filme ansehen möchte, sollte auf viele verschiedene Quellen zurückgreifen und sich möglichst umfassend informieren.

Erkennen Sie die Wahrheit hinter den Schlagzeilen

Unter Langzeitreisenden ist man sich einig, dass Massen-medien und Reisewarnungen von Regierungen zu den un-zuverlässigsten Informationsquellen überhaupt zählen. Gespickt mit Vorurteilen, parteiisch und voller Hintergedanken sind sie oft komplett nutzlos, wenn man sich über die realen Zustände in einem Land informieren will. Sie sollten diese Hinweise nicht nur mit einer großen Portion Vorsicht genießen, sondern am besten mit einer ganzen **Wagenladung** davon!

Als Chris und ich Äthiopien besucht haben, gab es für das Land eine offizielle Reisewarnung sowohl von der deutschen als auch der australischen Regierung. Das galt übrigens auch für Dschibuti, das wir gerade verlassen hatten, sowie für den Sudan, der als Nächstes auf unserer Liste stand. Somaliland, ein Staat, in dem wir zwei fantastische Wochen verbracht haben, existiert bis heute nicht einmal offiziell, da er von den meisten Ländern nicht anerkannt wird! Unsere Regierungen haben uns damals daher intensiv zur Änderung unserer Besuchspläne gedrängt. Doch wenn man ihren Ratschlägen folgt, dann würde man nicht einmal sein Schlafzimmer verlassen. Für insgesamt 54 Länder gab es 2010 wegen akuter Gefahr für Leib und Leben eine Reisewarnung der US-Regierung. Das sind mehr als ein Viertel aller Länder unseres Planeten! Und nein, die USA selbst standen nicht auf dieser Liste.

Fragen Sie Reisende, deren letzter Besuch Ihres Wunschzieles noch nicht so lange her ist, falls es dort

In allererster Linie sind andere Reisende die beste Informationsquelle für unbekannte Länder.

in jüngster Zeit große politische Umwälzungen gegeben haben sollte. Wir haben zwar überaus wertvolle Einblicke von Vagabunden erhalten, die in entgegengesetzter Richtung unterwegs waren, und die wir nirgendwo hätten nachlesen können, doch lassen wir auch bei solchen Ratschlägen eine gewisse Vorsicht walten. Sie und der Reisekollege werden unterschiedliche Ideologien, Mentalitäten, Vorlieben und Abneigungen haben. Das kann dazu führen, dass Sie die gleiche Situation in einem ganz anderen Licht betrachten. Als Beispiel kann erneut der Nordsudan dienen: Wir trafen dort sowohl Reisende, die vorher in Äthiopien waren, als auch Vagabunden, die aus dem Norden aus Ägypten kamen. Ihre Reaktionen auf das Land waren sehr unterschiedlich. Diejenigen, die wie wir aus dem Süden einreisten, verliebten sich oft in den Nordsudan. Die Einheimischen waren gastfreundlich, die Bevölkerungsdichte niedrig und es gab endlich auch keine steinewerfenden Kinder mehr. Wer hingegen direkt aus Ägypten kam, bemerkte kaum Unterschiede. Natürlich hatten diejenigen auch keine Ahnung von den durch die Luft fliegenden Steinen, die einen an der Grenze zu Äthiopien erwarten.

Bleiben Sie sich treu!

Ziehen Sie keine voreiligen Schlüsse oder ändern gar Ihre Reisepläne, nur weil Sie gerade die Nachrichten über die jüngsten Ereignisse in aller Welt gesehen haben. Wenn es um große Störungen wie beispielsweise Proteste geht, dann vergessen Sie nicht, dass diese meistens (und damit meine ich 99 Prozent der Fälle) lokal begrenzt auftreten; normalerweise konzentrieren sie sich nur auf einige wenige Städte. Wir haben Freunde, die während des Arabischen Frühlings in Ägypten durch die Schwarze und Weiße Wüste gereist sind. Sie sind von ihrem Wüstenabenteuer zurückgekehrt, ohne überhaupt etwas von dem Ganzen bemerkt zu haben. In Kairo angekommen, steckten sie zwar für eine Weile fest, doch nachdem sie ihr Lager dann auf einem wunderschönen Zeltplatz in einem Außenbezirk der Stadt aufgeschlagen hatten, befanden sie sich in Sicherheit.

Anfänglich stellte nicht einmal der Syrienkonflikt ein Hindernis für Reisende dar, denn die Spannungen dort mündeten erst nach Monaten in dem schrecklichen, landesweiten Bürgerkrieg. Dennoch wurde schon viel früher darüber berichtet, dass das Land in ein gesetzloses Chaos fiele und man dort auf keinen Fall mehr sicher wäre.

Ich habe es mir zur Regel gemacht, immer dann noch einmal gezielt Nachrichten von Sendern wie Al Jazeera, BBC und Russia Today zu sehen, wenn ich bestimmte Ereignisse und ihre Darstellung in der internationalen Presse überprüfen möchte. Die Wahrheit liegt dann jedes Mal vermutlich irgendwo zwischen den drei verschiedenen Präsentationen.

Eine der wichtigsten Erkenntnisse, die das Reisen mit sich bringt, ist die, dass zwischen Tatsachen und dem, was in den Medien als Tatsachen dargestellt wird, eine **riesige** Kluft existiert. Wenn es jemals an der Zeit war, der Berichterstattung in den Massenmedien gegenüber skeptisch zu bleiben, dann ist das jetzt der Fall.

Auch auf Reisen zählen Geben und Nehmen

Die meisten Menschen glauben, dass Fremde in manchen Ländern im Allgemeinen freundlicher behandelt werden als in anderen. Das stimmt zwar, doch hat eine extreme Unfreundlichkeit oft Gründe, die durchaus nachvollziehbar sind. Nationen, die über Jahre unter Kriegen, Not oder Invasionen durch ausländische Truppen gelitten haben, können Feindseligkeiten gegenüber Fremden entwickeln. Ich sehe es so: Alle Länder und alle Menschen haben das Potenzial, fabelhafte Gastgeber zu sein, doch einige brauchen ein kleines bisschen mehr Überzeugungskraft als andere.

Gewohnheiten, Glaube und kulturelle Einstellungen unterscheiden sich in der Welt enorm, und die Pflicht, sich respekt- und verständnisvoll zu verhalten, liegt bei uns, den Besuchern. Der amerikanische Schriftsteller Clifton Fadiman hat das einmal ganz eloquent ausgedrückt: »Wenn Sie reisen, dann vergessen Sie nicht, dass ein fremdes Land nicht darauf ausgelegt ist, es Ihnen angenehm zu machen. Es ist so gestaltet, dass sich seine eigenen Einwohner wohlfühlen.« Es gibt allerdings eine Ausnahme von dieser Regel. Wenn Ihr Gastland seine Tourismusindustrie ankurbeln will, dann sollten die in diesem Sektor beschäftigten Einheimischen auch dafür sorgen, dass sich die Gäste wohlfühlen. Das heißt natürlich nicht, dass sich ein Gast nach Belieben benehmen darf. Vielmehr sollten sich beide Seiten respektvoll und angenehm verhalten.

Chris und ich erfahren auf unseren Reisen immer viel Gastfreundlichkeit und Unterstützung, sogar in Ländern, die nicht unbedingt dafür bekannt sind, Besucher mit viel Herzenswärme zu empfangen. Wir wissen, dass die Reaktionen der Menschen auf uns in erster Linie von **unseren** Handlungen diktiert werden. Nachfolgend finden Sie ein paar Anregungen, was Sie sich zu eigen machen sollten, wenn Sie erfolgreich beeinflussen wollen, wie man Sie im Ausland behandelt.

Verhalten Sie sich an Grenzen freundlich – und anderswo auch

Wenn Sie sich anschicken, ein neues Land zu betreten, sollten Sie als Erstes entscheiden, ob Sie es sind, der froh darüber sein sollte, dass er das Land besuchen darf, oder ob die Einheimischen für Ihren Besuch dankbar sein sollten. Wenn Sie Zweiteres denken, dann sollten Sie noch mal von vorn beginnen.

Ich habe Reisende an Grenzübergängen erlebt, die beim geringsten Anzeichen der kleinsten Hürden sofort ausgeflippt sind und die Grenzbeamten angeschrien haben, »wie glücklich sie sein sollten, dass Ausländer überhaupt hierher kommen wollen«. Ein übleres Verhalten ist kaum möglich, und wenn Sie an einer Grenze ein Problem lösen wollen, dann wäre dies auch die denkbar schlechteste Art. Sie mögen völlig zu Recht den Schluss gezogen haben, dass die Wirtschaft vieler Entwicklungsländer sehr stark oder ganz vom Tourismus abhängig ist. Doch das sollten Sie niemals laut aussprechen, insbesondere nicht gegenüber einem Einheimischen in Uniform.

Wenn Sie den Mann mit dem Stempel verärgern, kann er Ihnen die Einreise aus dem einzigen Grund verweigern, **Egal was irgendein Gesetz besagt, Grenzübergänge sind eine eigene Welt.** dass Sie ihm gehörig auf den Zeiger gegangen sind. Sie sind einfach von seiner Gnade abhängig. Je schneller Sie das akzeptieren, desto schneller werden Sie den entscheidenden Stempel haben.

Um Ihre Chancen zu erhöhen, sollten Sie früh am Tag an der Grenze erscheinen, da dann die Gefahr geringer ist, dass schon vor Ihnen jemand für schlechte Luft gesorgt hat. Sie sollten frisch geduscht und angemessen gekleidet sein. Sogar thailändische Grenzbeamte könnten zögern, jemanden in ihr Land zu lassen, der aussieht, als hätte er über Wochen nicht einmal ein Atom Seife an seinen Körper gelassen.

Nächste Lektion: Lächeln Sie! Ihr schönstes Lächeln und gute Laune sollten nach Ihrem gepflegten, sauberen Äußeren das Zweite sein, was den Grenzbeamten an Ihnen auffällt. Die Macht eines ganz normalen Lächelns sollte niemals unterschätzt werden. Also machen Sie es sich zur Gewohnheit. Meine Großmutter hat mir einmal gesagt: »Man lockt mehr Bienen mit Honig als mit Essig.« Diese Weisheit hat mich mein ganzes Leben lang begleitet. Seien Sie freundlich oder sogar superfreundlich, und die meisten Menschen werden es Ihnen gleichtun. Sprechen Sie ruhig, und tun Sie nichts, das in irgendeiner Weise als übermäßig stürmisch, laut oder anstößig interpretiert werden könnte. Was für Sie »normal« ist, könnten andere als aggressiv empfinden.

Ob Sie es nun mögen oder nicht, Männer dürfen sich üblicherweise ungezwungener verhalten als Frauen. Die Emanzipierungsbewegung muss sich erst noch weltweit durchsetzen, was bedeutet, dass von Frauen in den meisten Ländern ein züchtiges Benehmen erwartet wird. In einigen Ländern, zum Beispiel in der arabischen Welt, ist es uns nicht erlaubt, Männern die Hand zu geben. Ein Augenkontakt mit ihnen sollte auf ein Minimum begrenzt sein. Als wir in Somaliland waren, wurde von mir erwartet, dass ich niemals spreche, bevor mich jemand anspricht. Als moderne und offene Frau habe ich das natürlich als Herausforderung empfunden. Doch ich war in einem fremden Land zu Gast und habe ihm den Respekt erwiesen, den ich selbst predige.

Lernen Sie etwas über Ihr Reiseland

Wenn Sie das Beste aus Ihrem Besuch machen wollen, dann ist es wichtig, dass Sie spätestens dann ein bisschen was über das Land lernen, wenn Sie es das erste Mal betreten. Unser Trick? Wir bleiben im ersten Dorf hinter der Grenze für mindestens eine Woche, ehe wir weiterziehen, um das Land zu erkunden. So können wir ein paar Höflichkeitsfloskeln lernen und beobachten, wie die Einheimischen agieren und reagieren. Unser Ziel ist es, ihr Verhalten wenigstens nachahmen zu können und uns dann entsprechend einzufügen.

In Ägypten fand ich es beispielsweise sehr vorteilhaft, mich konservativ zu kleiden und ein Kopftuch zu tragen, egal ob unbedeckte Touristinnen nun toleriert wurden oder nicht. Das galt sogar in einer kosmopolitischen Stadt wie Kairo. Es war nicht nur respektvoller gegenüber der einheimischen Kultur, ich hatte auch weniger Probleme mit unerwünschter Aufmerksamkeit. Man muss bedenken, dass ich dunkle Haare und eine eher dunkle Haut habe. Mit Kopftuch wurde ich oftmals für eine Einheimische gehalten und manchmal sogar angehalten und auf Arabisch (!) nach dem Weg gefragt. Das ist der beste Beweis für die gelungene Eingliederung in einem fremden Land!

In Südamerika hat es auch nicht lange gedauert, bis ich gelernt hatte, dass der kurze Austausch einiger Höflichkeiten meine Chancen, das zu bekommen, was ich wollte, erheblich erhöhte. Wenn Sie in Lateinamerika in einen Laden marschieren und sofort eine Dose Thunfisch verlangen, dann müssen Sie sich nicht wundern, wenn man Ihnen sagt, dass es keine gibt, obwohl Sie sie manchmal sogar direkt gegenüber im Regal sehen. Doch falls Sie darauf verweisen, wird man Ihnen erzählen, dass diese nicht zum Verkauf steht! Lateinamerikaner sind sehr stolz und überaus traditionalistisch. Wenn Sie nicht bereit sind, bei jeder Begegnung zumindest »¿Hola, cómo estás? ¿Cómo está su familia?« (Hallo, wie geht es Ihnen? Wie geht es Ihrer Familie?) zu fragen, dann werden Sie nichts erreichen. Das gilt für viele Länder.

Es ist außerdem von unschätzbarem Wert, die ersten Tage damit zu verbringen, sich einen Überblick über die Preise von Nahrungsmitteln und anderen Waren zu verschaffen. Ich kaufe normalweise zunächst nur in Läden ein, in denen alles ausgepreist ist (lernen Sie die Ziffern anderer Schriften!), und gehe erst dann auf Märkte, wo immer alles billiger ist, wenn ich die üblichen Höchstpreise kenne.

Lernen Sie ein paar Schlüsselsätze in der Landessprache

Das ist ein Muss. Einen Menschen in seiner Muttersprache zu begrüßen, ist zusammen mit dem Lächeln, das Sie seit dem Grenzübergang geübt haben, eine gute Methode, um eine freundliche Atmosphäre zu schaffen. Sie können noch so lange darauf bestehen, dass Englisch **die** internationale Sprache Nummer eins ist; das ändert nichts daran, dass die meisten Menschen auf der Welt ausgezeichnet miteinander kommunizieren können, ohne je auch nur ein einziges Wort Englisch gelernt zu haben. Eignen Sie sich ein paar grundlegende Ausdrücke wie »hallo«, »Wie geht's?«, »bitte«, »danke«, »Diese Tomaten sehen ein bisschen alt aus« usw. an, und die Einheimischen werden mehr als zuvorkommend sein.

Perfektionieren Sie Ihre Körpersprache

Wir werden oft gefragt, wie wir mit Menschen kommunizieren, die nicht eine der Sprachen sprechen, in denen wir uns fließend unterhalten können. Das ist wirklich eines der lustigsten Reiserätsel überhaupt. Denn im Gegensatz zur allgemeinen Auffassung ist nicht Englisch die international am weitesten verbreitete Sprache, sondern eine namens Pantomime.

Sein Anliegen ohne Worte vortragen zu können, ist eine Fähigkeit, die man erlernen kann und die Sie im Laufe der Zeit perfektionieren sollten. Zu zeigen, dass man essen und trinken möchte, ist noch einfach, sogar für einen Anfänger. Aber viele andere Anliegen lassen sich wesentlich schwieriger darstellen. Ich kann recht gut Tiergeräusche nachahmen, wenn ich Fleisch kaufen möchte. Für Eier fange ich an zu gackern und flattere dazu in der Hocke mit den Armen. Chris hingegen, der fantastisch zeichnen kann, greift lieber zum Stift, um zu zeigen, was er möchte, besonders wenn es um Ersatzteile für die Motorräder geht.

Bleiben Sie geduldig, und erwarten Sie nicht zu viel

Jeder Reisende wird schnell feststellen, dass Zeit bzw. eigentlich ihr Vergehen ziemlich relativ ist. Sie bedeutet für jeden etwas anderes. Wenn Sie mit der Überzeugung aufbrechen, dass die ganze Welt mit der Präzision eines Schweizer Uhrwerks funktioniert, dann werden Sie mindestens einmal am Tag einen Nervenzusammenbruch erleiden. Je schneller Sie das örtliche Zeitempfinden übernehmen, umso besser wird es Ihnen gehen. Je zufriedener Sie sind, desto weniger Ärger werden Sie mit Einheimischen haben. Und je weniger Ärger Sie mit Einheimischen haben, desto netter werden diese zu Ihnen sein. Bingo, das ist doch der Punkt, an den Sie gelangen wollen!

Diese drei Stufen sind ausschlaggebend für Ihr geistiges Wohlergehen und führen dazu, dass Sie das Beste aus Ihrem Aufenthalt machen. Ich habe einmal zwei Stunden in Georgien damit verschwendet, zu einem Zahnarzttermin zu fahren, nur um dort zu erfahren, dass mein Termin nur dazu da war, den wirklichen Termin für kommende Woche zu vereinbaren. Ja, ich war wütend. Aber ich habe gegen meinen Drang angekämpft, das zu zeigen. Stattdessen habe ich mich auf meine »innere Insel der Ruhe« zurückgezogen und gelächelt. Denn schon bald würde der Zahnarzt ja seinen Bohrer in meinen Mund stecken. Es ist ein bisschen wie mit den Grenzbeamten: Verärgern Sie im Ausland Ihren Zahnarzt lieber nicht.

Seien Sie respektvoll, aber verlieren Sie Ihren moralischen Kompass nicht

Zu den ersten Dingen, die Sie für Ihre Reise ins Ausland einpacken sollten, zählen Toleranz und Weltoffenheit. Beachten Sie aber, dass die Jahre im Ausland Ihren moralischen Kompass schwer auf die Probe stellen können. Ich stimme dem Credo »Wenn du in Rom bist, verhalte dich wie die Römer« nicht mehr länger zu. Schließlich haben die Römer Sklaven gehalten, Gladiatoren zur Unterhaltung an Löwen verfüttert und Gefangene regelmäßig ans Kreuz genagelt. Es gibt bestimmte Dinge, die zwar in anderen Kulturen normal sind, mit denen ich jedoch nicht einverstanden bin, unter anderem Tierquälerei, die Beschneidung von Kindern, Korruption und häusliche Gewalt. Obwohl ich mein Missfallen im Ausland vielleicht nicht so laut artikuliere, heißt das noch lange nicht, dass ich diese Dinge billige. Auch bedeutet es nicht, dass ich jemals daran teilnehmen würde. Ich respektiere die Tatsache, dass viele Afrikaner an die Macht von Medizinmännern glauben. Ich selbst würde aber im Krankheitsfall niemals einen aufsuchen, um mich mit einem Gebräu aus Rhinozeroshorn oder menschlichen Albinoknochen heilen zu lassen. Ich mache auch keine Unterschiede zwischen Mitgliedern verschiedener Stämme und betrachte Frauen und Minderheiten nicht als geringerwertig, wie das in Schwarzafrika allgemein üblich ist.

Respekt zu zeigen, aber manchmal auch eine Teilnahme abzulehnen, muss nicht automatisch dazu führen, dass Einheimische Sie unhöflich behandeln. Manchmal wird Ihre Ablehnung ihr Interesse hervorrufen, und sie wollen wissen, warum Sie so anders denken. Was immer Sie tun, sehen Sie zu, dass Sie niemals wertend wirken! Es ist absolut nicht notwendig, die Praktiken einer fremden Kultur herabzuwürdigen, wenn in Ihrem eigenen Land ganz ähnliche Traditionen noch bis vor einigen Jahrzehnten allgemein anerkannt gepflegt wurden. Ich fände es zum Beispiel schon sehr ulkig, wenn meine Mutter die Moralvorstellungen kritisieren würde, die in vielen Ländern für Frauen gelten, da ich weiß, dass sie vor ihrer Heirat mit meinem Vater nie mit ihm allein sein durfte. Süditaliener waren vor 40 Jahren halt einfach noch genauso konservativ wie einige Kulturen heute. Alle Länder und Kulturen entwickeln sich in ihrem eigenen passenden Tempo. Wichtig ist dabei vor allem, dass sie sich von innen heraus entwickeln können und keine Richtung von außen aufgezwungen bekommen.

141

Bleiben Sie cool, ruhig und gelassen

Trägheit und Inkompetenz sind weltweit verbreitet und können auch den abgeklärtesten und erfahrensten Reisenden vor lauter Frustration zum Schäumen bringen. Bekämpfen Sie den Drang, sich etwas anmerken zu lassen, und beleidigen Sie niemanden. Erheben Sie niemals die Stimme und verhalten Sie sich nie, nie aggressiv gegenüber Einheimischen, egal in was für eine irrwitzige Situation Sie auch geraten mögen.

Als Chris und ich in Khartum ankamen, haben wir einen ganzen Tag damit verbracht, uns in der zuständigen Polizeidienststelle registrieren zu lassen. Der Grund, weshalb diese eigentlich sehr einfache Prozedur sechs Stunden gedauert hat, war eine Farce, die Monty Python alle Ehre gemacht hätte. Wir mussten uns in fünf (!) verschiedenen Schlangen anstellen. Das hat jedes Mal etwa eine Stunde gedauert. Am Ende der ersten Schlange durften wir unsere Papiere einreichen, die zweite diente dafür, diese Papiere in einer roten Mappe zurückzuerhalten. Die dritte Schlange führte zum Tausch der roten Mappe gegen eine blaue, und am Ende der vierten bezahlten wir die Meldegebühr. Meine liebste Schlange an diesem Tag, die fünfte, brachte uns schließlich in den Besitz unserer nun zusammengehefteten Dokumente. Ich erzähle wirklich keinen Mist, wenn ich Ihnen sage, dass es im Polizeihauptquartier in Khartum eine Frau gibt, deren einziger Job darin besteht, Heftklammern in die Tacker nachzufüllen.

Wir wollten nur noch schreien. Stattdessen wechselten wir uns beim Schlangestehen ab und unternahmen zwischendurch kleine Spaziergänge, um Dampf abzulassen. Egal wie viel oder wie wenig Frust wir herausgelassen hätten, und davon hatten wir reichlich, das hätte nichts beschleunigt. Wenn Sie in so einem Moment dem Ganzen nichts Lustiges abgewinnen können, dann trösten Sie sich damit, dass es Ihnen eines Tages gelingen wird.

Dumm stellen kann sich manchmal lohnen

Auf unserem Motorradtrip nach Australien haben wir entschieden, dass wir unseren zweiten Winter in Georgien verbringen wollen. Dort haben wir in der Hauptstadt Tiflis ein Apartment mit einem kleinen, praktischen Supermarkt gleich nebenan gemietet. Als ich zum ersten Mal dort einkaufen war, war die Frau am Tresen nicht gerade übermäßig freundlich zu mir. Ich bin mir auch sicher, dass sie mir zu viel Geld für die paar Artikel abgenommen hat. Ich lächelte jedoch einfach, nickte und verließ den Laden ohne Aufsehen. Hätte ich mich beschwert, hätte man mir vielleicht für alle Zeiten die Bedienung verweigert. Stattdessen tat ich, was für viele niemals infrage käme: Ich ging fünf Tage lang täglich wieder in den Laden zum Einkaufen. Als die Besitzerin einmal realisiert hatte, dass ich keine durchreisende Touristin war, änderte sich ihr Verhalten komplett. Schon bald begann sie, mir Fragen zu stellen (Warum sind Sie noch hier? Wo wohnen Sie? Woher kommen Sie?), und am Ende der Woche schenkte sie mir einen Beutel Mandarinen. Danach war es egal, was ich in meinen Einkaufswagen packte, ich erhielt jedes Mal ein kleines Geschenk in Form von Obst oder Gemüse. Als ich am letzten Tag in den Laden kam, um mich zu verabschieden, erschien sie mir ernsthaft traurig über meine Abreise, vielleicht sogar ein wenig schuldbewusst.

Bleiben Sie eine Weile

Was mich zu unserem Nummer-eins-Trick bringt: Reisen Sie langsam, und verbringen Sie einige Zeit am selben Ort. Das gilt besonders für überlaufene Touristenhochburgen. Dort sehen die Einheimischen ständig Massen von Fremden kommen und gehen. Es ist kein Wunder, dass diese Touristen als wandelnde Geldbörsen ohne Persönlichkeit oder Interessen betrachtet werden. Bleiben Sie eine Weile dort, und Sie werden begeistert feststellen, wie anders man Sie dann behandelt.

Darüber hinaus bieten wir immer unsere Hilfe an, wenn wir länger in einem Hostel oder auf einem Campingplatz bleiben. Ob es nun Reparaturen sind, Kochen oder Putzen – das Hilfsangebot lässt Ihre Gastgeber oft aus allen Wolken fallen. Es kann eine so einfache Aufgabe wie das Ölen einer quietschenden Tür sein. Ich persönlich hasse diese so sehr, dass ich sofort zu meiner WD-40-Sprühdose greifen muss, sobald ich eine bemerke. Mit dieser kleinen Eigenart habe ich schon die Herzen diverser Hostelbesitzer im Sturm erobert. Alle diese Tipps sind übrigens nicht manipulativ gedacht; sie bestätigen nur, dass Freundlichkeit meist mit Freundlichkeit beantwortet wird. Macht es dabei wirklich einen Unterschied, wer damit anfängt? Seien doch einfach Sie es.

Wie man mit den emotionalen Härten einer Langzeitreise umgeht

Langzeitreisen bringen jede Menge Härten mit sich. Dennoch sind es in den meisten Fällen eher die physischen Herausforderungen, denen die größte Beachtung geschenkt wird. »Seid ihr eurer Nonstop-Reise nicht irgendwann einmal müde?«, werden Chris und ich regelmäßig gefragt. Oder: »Vermisst du nicht dein Bett/Sofa/Dusche, wenn du eine so lange Zeit im Zelt verbringst?« Die Wahrheit ist: Ja, ich vermisse alle diese Dinge manchmal, doch der Mangel an physischem Komfort ist nichts gegen den Kummer, den ich zeitweise empfinde und den diese schwer greifbaren emotionalen Nachteile unseres Lebensstils mit sich bringen.

Wenn Sie Ihr Leben in den sprichwörtlichen Rucksack packen und sich aufmachen, die Welt zu entdecken, werden Sie schon bald herausfinden, dass diese Entscheidung von einer ganzen Reihe Nebeneffekte begleitet wird, die Sie weder vorhergesehen noch sich gewünscht haben. Aber deswegen geht die Welt nicht unter! Ja, Sie werden unter Einsamkeit, Heimweh, Schuldgefühlen, Frustration, Isolation, Leidenschaftslosigkeit, Sinneszweifeln, Langeweile, Kulturschocks und allem anderen leiden. Aber dennoch werden Sie irgendwann merken, dass Sie es mit einem viel größeren Problem zu tun hätten, wenn Sie all diese Gefühle nicht mehr hätten. Denn dann wären Sie tot. Darüber hinaus werden die Widerstandsfähigkeit und die Unabhängigkeit, die Sie auf Ihrer Reise erwerben, sowie die Selbstfindung, die Sie erfahren, hoffentlich die negativen Konsequenzen mehr als wettmachen.

Die emotionalen Belastungen einer Langzeitreise hängen stark von der eigenen Persönlichkeit und davon ab, ob man allein oder in Begleitung reist, wie schnell man sich umherbewegt und ob man von Beginn an ein Datum für das Ende der Reise festgelegt hat. Jeder Reisende wird auf seine Weise mit den Härten umgehen und zurechtkommen. Weil sich aber die emotionalen Reisen vieler Nomaden ähneln, hoffe ich von ganzem Herzen, dass dieses Kapitel dabei helfen kann, einige Ihrer qualvollsten Erfahrungen zu lindern.

Bevor Chris und ich uns kennenlernten, war ich bereits vier Jahre unterwegs und Chris 13. Wir reisen seit 2009 zusammen und haben einen idealen Reisestil gefunden, der uns dabei hilft, emotional ausgeglichen und geistig gesund zu bleiben. Vieles davon hat mit drei Hauptfaktoren zu tun, nämlich wie wir reisen (sehr langsam), was wir machen (ein Viertel der Zeit arbeiten) und wie wir die Kommunikation mit Freunden und Familie aufrechterhalten (wir unternehmen dafür riesige Anstrengungen).

Langzeitreisen sind in vielerlei Hinsicht bittersüß. Neben Momenten der Erkenntnis und des Staunens haben wir es hier draußen auch mit sehr erschütternden Dingen zu tun.

Heimweh

Ich habe viele Langzeitreisende getroffen, die unter Heimweh leiden, sogar dann, wenn sie keinen festen Wohnsitz, keine Familie und kein bestimmtes Heimatland haben. Das mag total absurd klingen, aber die Art des Heimwehs, das man als Nomade unterwegs verspürt, ist anders als das der Leute, die für kurze Zeit woanders arbeiten oder Urlaub machen.

Unterwegs kann »zu Hause« eine ganze Fülle von Dingen bedeuten: Es bedeutet Wurzeln, Vertrautheit, Stabilität und Konstanz. Es bedeutet, von Menschen umgeben zu sein, die aussehen und denken, wie man selbst, und die gleiche Moralauffassung haben. Es bedeutet, Teil einer Gemeinschaft zu sein, zu einem Rudel zu gehören und ziemlich genau einschätzen zu können, wie andere agieren, reagieren und miteinander interagieren werden.

146

Ich vermisse meine Familie und Freunde, doch dank der modernen Technologie kann ich meine wertvollsten Kontakte am Leben erhalten. Manchmal aber sehne ich mich danach, einen Fernseher einschalten zu können, in den Nachrichten vertraute Gesichter zu sehen und zu verstehen, über was zum Teufel die da reden! Das mag im ersten Moment trivial klingen, aber die Entfernung und die Isolation, die man spürt, wenn man längere Zeit in einem Land lebt, zu dem man wenig Affinität und/oder Beziehung hat, können beträchtlich sein.

Chris und ich sind immer angespannt, quasi im Beobachtungsmodus, und versuchen herauszufinden, wie die Dinge laufen, wenn wir in ein neues Land kommen. Ist es in Ordnung, wenn wir uns in der Öffentlichkeit küssen oder einfach nur Händchen halten? Dürfen wir erwähnen, dass wir nicht religiös sind oder keine Kinder wollen? Können wir über Lokalpolitik sprechen? Wie sollen wir uns verhalten,

Persönliche Kontakte im Reiseland reduzieren eventuelles Heimweh erheblich!

wie sollen wir reden? Werden unsere Heimatländer von den Einheimischen gemocht oder nicht? Das ständige Bemühen um Anpassung kann extrem ermüdend sein. Schließlich fangen wir dann aber an, mehr mit den Einheimischen zu interagieren. Zwischen geteilten Kaffees, Chais, Wodkas oder Rakis beginnen wir, das wahre Bild des Landes (im Gegensatz zu dem aus den Medien) zusammenzusetzen, und finden eine Nische für uns, in die wir am besten passen. Was wir tun, das ist im Wesentlichen der Aufbau eines brandneuen temporären Heimatgefühls. Einmal mehr.

Die viel zu regelmäßigen Abschiede

Es ist nicht ohne Ironie, dass das beständige Kennenlernen neuer Freunde zu den besten und schlechtesten Aspekten von Langzeitreisen zählt. Gerade wenn es zwischen Ihnen und irgendjemandem klick gemacht hat und eine wunderbare Seelenverbindung da ist, wird einer von Ihnen weiterreisen. Der Abschied hinterlässt immer eine Leere.

Chris und ich bemerkten dieses spezielle Klick wenige Stunden nach dem Kennenlernen. Doch ich musste mich um 20 Passagiere kümmern und hatte einer Reiseroute zu folgen. Ich habe noch nie so viel Verzweiflung gespürt wie in dem Moment, in dem ich nach nur 24 Stunden des Zusammenseins in meinen blauen Truck einstieg und ihm Auf Wiedersehen sagte. Ich wusste, tief in meinem Herzen, dass die Chancen für ein Wiedersehen so unglaublich gering waren, dass ich für den Bruchteil einer Sekunde wünschte, ich hätte ihn nie getroffen. Ich war todunglücklich. Eine traurige Geschichte, aber solche Gefühle kennen nicht nur Liebende.

Ich habe in all den Jahren einige wirklich bemerkenswerte Menschen getroffen, die ich gern besser kennengelernt hätte, doch leider brach die Verbindung viel zu früh wieder ab. Natürlich gibt es immer Facebook und E-Mails, aber das ist einfach nicht ganz das Gleiche. Dieses ständige Kennenlernen-und-auseinandergehen-Drama kann so frustrierend und deprimierend sein, dass man dazu neigt, sich in sein Schneckenhaus zurückzuziehen, und sich einfach weigert, neue Leute kennenzulernen. Warum auch? Wozu soll es gut sein?

Das sind einige Gedanken, die Ihnen in den Kopf schießen werden. Aber so hart es auch ist, sie zu überwinden, irgendwann wird es Ihnen gelingen. Sie werden etwas (mehr) Widerstandsfähigkeit entwickeln, ein Lächeln in Ihr Gesicht zaubern und der zehnten Person im Camp Ihre Geschichte (zum abermillionsten Mal) erzählen, weil er oder sie gefragt hat: »Also, was um alles in der Welt machst du hier?« Weil, so hat es Chris in seinem ersten Liebesbrief an mich geschrieben: »Ich bin unendlich glücklicher, dich getroffen als dich niemals kennengelernt zu haben, auch wenn es nur für einen Tag war.« Und er hat verdammt noch mal Recht.

Reisemüdigkeit

Langzeitreisen können einen auf verblüffende Art und Weise ermüden, Zentimeter für Zentimeter. Das hat nichts mit Jetlag oder physischer Müdigkeit zu tun. Ich spreche von emotionaler Erschöpfung, denn es kann auch zu viel des Guten sein. Gleichgültigkeit durch ständige Überreizung der Sinne zählt zu den größten Gefahren des Reisens. Wenn Sie an einer Überdosis leiden, dann riskieren Sie, etwas ganz Außergewöhnliches direkt vor Ihrer Nase zu übersehen.

Ich erinnere mich ganz deutlich daran, dass ich nach unserem dreimonatigen Aufenthalt in Ägypten die Nase restlos von allem voll hatte, was auch nur im Entferntesten alt und von historischer Bedeutung war. Ich sagte zu Chris: »Wenn ich noch eine 2000 Jahre alte Tonscherbe sehe, dann fange ich an zu schreien!« Wir nahmen gerade an einer Tour durch irgendein Museum teil, und die Führerin erzählte uns begeistert, wie die alten Ägypter Terrakottagefäße für die Speicherung von Regenwasser genutzt haben. Ich reagierte instinktiv und sagte ihr, dass **jede** alte Zivilisation auf der Welt genau das gemacht habe und ob sie mir vielleicht auch etwas erzählen könne, was ich noch nicht wisse? Da wusste ich, dass es Zeit für eine Pause wurde. Hier hatte sich meine Reisemüdigkeit in hässlicher, unfreundlicher, arroganter Weise entladen.

Nach dem tausendsten Museum, dem hundertsten Löwen und dem zehnten Wasserfall ist es kein Wunder, wenn man ein wenig übersättigt ist. Lassen Sie es ruhig angehen, und haushalten Sie gut mit Ihren Kräften. Das ist vermutlich der beste Tipp, den ich Ihnen geben kann. Heutzutage sind Chris und ich Experten darin, genau das zu tun. Wir besuchen nicht mehr jede historische Stätte, auf die wir stoßen. Wir sind wählerisch und suchen uns die aus, die uns am meisten reizen. Wir achten darauf, dass sie weit voneinander entfernt liegen, sodass wir zwischendurch immer ein paar Tage mit dem Motorrad unterwegs sein und in der Wildnis campen können. Was auch immer passiert, wir zwingen uns nicht mehr zur Besichtigung von Sehenswürdigkeiten, wenn wir dazu gerade keine Lust haben. Unser Wunsch nach emotionaler Ausgeglichenheit übersteigt das Bedürfnis, alles gesehen haben zu müssen.

Die ewig währenden Widersprüche

Ein Freund hat einmal zu mir gesagt, dass ich verrückt sein muss, so lange unterwegs zu sein, wie ich es schon bin. Manchmal denke ich, dass diese »Verrücktheit« nicht nur hilfreich, sondern tatsächlich essenziell ist. Wenn man nicht schon vor Beginn einer langen Reise so ist, dann wird man es nach ein paar Monaten mit ziemlicher Sicherheit sein.

Die emotionalen Widersprüche, die man ständig durchlebt, können einen an den Rand der Verzweiflung treiben. Du möchtest wieder nach Hause, aber nur für einen Tag. Du liebst es, allein zu sein, aber du vermisst Gesellschaft. Du genießt es, neue Menschen kennenzulernen, aber du würdest gern Zeit mit alten Freunden verbringen. Du hasst es, in ein neues Land einzureisen, aber du kannst es kaum erwarten. Du möchtest an Ort und Stelle bleiben, doch nach einer Woche packt dich erneut das Fernweh. Menno!

Es tut mir leid, dass ich Sie an dieser Stelle enttäuschen muss, aber es gibt für diese Probleme keine Lösung. Zumindest haben wir noch keine gefunden. Der einzige Hoffnungsschimmer besteht darin, dass man sich früh genug daran gewöhnt. Wir sind einfach ein komischer, neurotischer Haufen, der weiß, dass weder das Leben noch die Menschen perfekt sind.

Sinnlosigkeit

Hierbei handelt es sich um ein recht ungewöhnliches Gefühl, das viele Langzeitreisende ungefähr zwei Jahre nach dem Start überfällt. Nach dem millionsten Bus, Grenzübergang, Amphitheater und kulinarischem Erlebnis stellt man sich die Frage, warum zum Teufel man das alles macht. Man lernt und lernt und lernt und erreicht irgendwann den Punkt, an dem man sich fragt: »Wozu?«

Auch Neugier ist ein Gefühl, das wie Ebbe und Flut kommt **Neugier ist für die meisten von uns der Antrieb, so zu leben, wie wir es tun.** und geht. An manchen Tagen ist man einfach weniger neugierig als an anderen. Das sind dann die Tage, an denen man meint, völlig ziel- und planlos zu sein. Ich persönlich glaube, dass dieses Gefühl vom gesellschaftlichen Druck, materiellen anstatt emotionalen Reichtum anzuhäufen, ausgelöst wird. Wir arbeiten, damit wir am Ende des Monats Dinge kaufen können. Wir bauen ein Haus, damit wir darin leben können. Und wir haben Kinder, damit wir sie aufwachsen sehen und etwas von uns zurücklassen können. Der Lohn so eines Lebens ist greifbar und sehr offensichtlich.

Was kann man aber nach einer Reise vorweisen? Einen offenen Geist, ein umfangreiches Wissen und vielleicht ein bisschen mehr Toleranz? Das sind nicht wirklich Sachen, mit denen man in der Öffentlichkeit glänzen kann, oder? Doch sie sind genauso wichtig, und wenn Sie nicht der Versuchung erliegen, alles wieder wegzupacken, dann werden Sie diese Dinge unendlich schätzen lernen.

Wenn Sie diese Krise erwischt, sind Sie vielleicht schon in Ihrem dritten Reisejahr unterwegs. Meiner bescheidenen Ansicht nach ist das die größte Lernkurve von allen. Es ist die Midlife-Crisis der Langzeitreisenden! Nachdem ich meine persönliche Sinnkrise überstanden hatte, fühlte es sich an, als wäre eine riesige Last von mir abgefallen. Zurückblickend war das der Zeitpunkt, an dem meine Reise zu mir selbst zu Ende ging und ich stattdessen begann, die Welt wirklich zu genießen. Ich habe meine Motive seitdem nie wieder angezweifelt und damit aufgehört, mich selbst damit unter Druck zu setzen, Dinge zu tun, von denen ich früher meinte, sie tun zu müssen. Ich reise, weil es meiner Seele guttut und mich glücklich macht. Ich werde erst dann damit aufhören, wenn das nicht mehr so sein wird. So einfach ist das.

Langeweile

Sprechen Sie mit irgendeinem Langzeitreisenden und fragen Sie ihn, welches Gefühl er am meisten verabscheut. In den meisten Fällen wird die Antwort »Langeweile« sein. Wie um alles in der Welt man sich auf Reisen langweilen kann? Ganz leicht!

Wenn Sie einen oder zwei Monate auf Reisen sind, dann erscheint Ihnen das Leben zu kurz, die Zeit zu begrenzt und alles zu flüchtig. Reisen Sie ein Jahr oder zwei, dann werden Sie bemerken, dass da etwas in Ihrem Alltag fehlt. Wenn der Druck erst einmal nachlässt, alle nur denkbaren Sehenswürdigkeiten abhaken zu müssen, dann werden Sie eine Menge Freizeit haben. Dann etwas Neues anzufangen, hat zahlreiche unschätzbare Vorteile. Ob das nun ein eigenes Blog, ein Buch oder ein Fernstudium ist, alle Langzeitreisenden werden ihre Freizeit früher oder später gut und kreativ nutzen. Die Menge an Reiseliteratur und Blogs da draußen ist Beweis genug dafür. Projekte bekämpfen Langeweile, Gleichgültigkeit, das Gefühl der Sinnlosigkeit und verleihen Ihrem Leben außerdem eine Art Stabilität und Struktur.

Das Freundschaftssieb

Reisen hat – mehr als jede andere Beschäftigung – das Potenzial, Sie in Ihrem Innersten zu verändern. Egal wie alt und eingefahren Sie sich fühlen mögen: Sowohl der Kontakt mit anderen Kulturen, Mentalitäten, Glaubensrichtungen und Lebensstilen als auch die Auseinandersetzung mit starken emotionalen Schwankungen können Ihre Persönlichkeit derart verändern, dass Ihre Familie und alten Freunde Sie nicht wiedererkennen. Sie selbst werden das natürlich kaum bemerken, jedenfalls nicht, bevor Sie zu einem Besuch heimkehren oder sich wieder niederlassen.

Was Langzeitreisenden geschieht, wenn sie wieder Kurs auf die Heimat nehmen, wird oft als »umgekehrter Kulturschock« bezeichnet. Das ist das, wenn Ihnen die Gegebenheiten, Begriffe und Gewohnheiten in Ihrem Heimatland plötzlich völlig fremd erscheinen. Manche Vagabunden kehren nach Jahren auch mit der Illusion zurück, dass sie bei ihren Freunden einfach dort weitermachen können, wo sie aufgehört haben. Früher hatten sie mit ihnen tagelang geredet, unendliche Mengen Kaffee getrunken und bis in die frühen Morgenstunden gequatscht. Wie bitter ist dann die Erkenntnis, dass das nun einfach aus diversen Gründen nicht mehr so funktioniert.

Manche Reisenden sagen, dass sie ihre alten Freunde nach der Rückkehr unerklärlicherweise langweilig und uninteressant fanden im Vergleich zu den Reisebegegnungen unterwegs. Ich bin da absolut anderer Meinung! Das ist total unfair und völlig unlogisch. Fragen Sie einige dieser Freunde, und sie antworten vielleicht, dass sie **Sie** als unglaublich langweilig und engstirnig empfinden. Denn Sie reden ja ständig nur von Ihren Reisen!

Ich glaube, dass es sich hierbei um eine ganz natürliche und ziemlich logische Folge handelt, die das komplett andere Leben als das der zurückgelassenen Freunde mit sich bringt. Ihre Freunde mögen nicht so viel über die Welt wissen, die Sie nun kennengelernt haben, aber Sie wissen dafür nichts über den Stress des »normalen« Lebens, die Kämpfe bei der Kindererziehung, die Abzahlung von Krediten, die Auswirkungen von Sparpolitik, Büroproblemen oder Familienstreit. Um es einfach auszudrücken: Sie waren zu lange aus allem raus! Was Sie vielleicht erkennen werden, ist die Tatsache, dass Sie mit Ihren alten Freunden, nach denen Sie sich all die Jahre so gesehnt haben, nicht mehr viel gemeinsam haben. Das ist die schmerzlichste Ironie von allen. Sie dürfen aber nicht erwarten, dort wieder anknüpfen zu können, wo Sie bei Ihrer Abreise standen, da Sie alle über viele Jahre extrem unterschiedliche Leben geführt haben.

Die gute Nachricht ist, dass Sie nun Experte darin sind, neue Leute kennenzulernen, denn das haben Sie lange genug geübt. Außerdem gibt es immer wieder dermaßen alte, tiefe Freundschaften, die auch eine jahrelange Trennung unbeschadet überstehen bzw. sich wiederbeleben lassen. Tatsächlich wird es sich mit einigen wenigen so anfühlen, als hätte sich nichts verändert, als wäre die Zeit stillgestanden, und Sie werden fast genau dort weitermachen können, wo Sie einst aufgehört haben.

Im Endeffekt ist es wie bei einer Art Lotterie – man weiß vorher nie, welche Freundschaft halten und welche Freunde man mit der Zeit verlieren wird. Das ist absolut willkürlich und lässt sich einfach nicht beeinflussen.

…

Egal wie gut das Reisen ist, und das ist es wirklich, es wird immer auch einige der härtesten und schlimmsten Momente beinhalten, die Sie vermutlich erleben werden. Aus der Komfortzone auszubrechen und einige dieser Härten einzustecken, wird Wunder für Ihr Selbstwertgefühl bewirken und Ihrem Ego ernsthaft dabei helfen, sich mit den Herausforderungen auseinanderzusetzen, die das Leben für Sie aus dem Hut zaubert. Glauben Sie ja nicht, dass Sie künftig von den Irrungen und Wirrungen des Lebens verschont bleiben, nur weil Sie sich dafür entschieden haben, kein etabliertes Leben zu führen. Das wird nicht der Fall sein. Sie werden anders sein und andere Gründe haben, aber auch Reisen schützt nicht vor den Aufs und Abs des Lebens. Und das ist auch gut so …

Reisen stärkt die Widerstandsfähigkeit, die Selbstständigkeit und die Kraft zur Überwindung von Hindernissen. Es macht uns zu zuverlässigen Freunden, da es uns die Bedeutung von Treue und Ehrlichkeit zeigt. Es wird sämtliche Mauern einreißen, die wir um uns errichtet haben, und Beschränkungen aufheben, für die wir selbst verantwortlich sind, denn wir wissen, dass wir nicht sehr weit kommen, wenn wir der Welt nicht mit offenen Herzen begegnen. Vor allem ermöglicht Reisen uns aber, Nähe und Intimität schätzen zu lernen, da das genau das ist, wonach wir uns unterwegs am meisten sehnen.

Die Vorzüge des Langzeitreisens

Nun, da Sie die Herausforderungen und Nachteile des Reiselebens kennen, müssen Sie ja denken: »Oh je, will ich das wirklich?« Also, im Gegensatz zur allgemeinen Meinung oder zumindest im Gegensatz zum letzten Kapitel hat das Leben auf Achse tierisch viele schöne Seiten. Vom offensichtlichsten Vorteil (Freiheit) bis hin zu den oft kaum bedachten Konsequenzen (nie wieder ein Bügeleisen zur Hand nehmen zu müssen) kann das Leben eines Vagabunden bereichernd, erhellend, persönlichkeitsentfaltend und unglaublich amüsant sein! Haben Sie erst einmal ein paar Jahre auf diese Weise verbracht, dann kann einem der bloße Gedanke daran, das Leben eingesperrt zwischen vier Wänden und zur Alltagsroutine verdammt verbringen zu müssen, vor Schreck wahre Schauer über den Rücken jagen.

Wenn Sie gerade dabei waren, Ihre Sachen für die Reise zu packen, nach der Lektüre des letzten Kapitels aber begonnen haben, alles wieder auszupacken, dann warten Sie einen Moment! Ich habe doch schon über die regelmäßig auftauchenden Widersprüche geschrieben, richtig? Dann folgen hier nun einige der unglaublichen Vorzüge, die Sie schon bald erleben werden.

Persönliche Freiheit und Freiheit für die Persönlichkeit

»Zu tun, was immer ich möchte« beschreibt noch nicht einmal im Ansatz die Freiheit, die ich dem Langzeitreisen verdanke. Der entscheidende Vorteil liegt darin, dass ich nicht nur frei bin, zu tun, was ich will (persönliche Freiheit), sondern auch frei bin zu sein, wer ich bin (Freiheit für die Persönlichkeit). Lassen Sie mich das erklären.

Wenn Sie Ihre Komfortzone noch nie verlassen haben und Ihre Familie und Freunde immer in der Nähe hatten, dann realisieren Sie vielleicht noch nicht, dass die Art der Person, die Sie sind, stark von der Erwartungshaltung Ihrer Lieben abhängt. Sind Sie erst einmal unterwegs und verbringen Zeit mit Menschen, die Sie nicht kennen, dann werden Sie sich vielleicht bei völlig anderen Verhaltensweisen ertappen. Das nenne ich Freiheit für die Persönlichkeit.

Wann immer ich mich in einer Gruppe neuer Menschen wiederfinde, kann ich selbst entscheiden, ob ich freundlich oder gleichgültig bin; ich kann Erzählerin oder Zuhörerin sein, ein Partytiger oder eine stille Beobachterin. Im Wesentlichen kann ich in Abhängigkeit von meiner Laune alles sein, wonach mir gerade der Sinn steht. Es ist eine unglaublich befreiende Erfahrung, sich von der Erwartungshaltung anderer Menschen zu lösen und dabei die »alternativen Ichs« in sich zu entdecken.

Manchmal bin ich extrovertiert, hilfsbereit und gesellig. Zu anderen Zeiten ziehe ich mich zurück und investiere keine Zeit in Menschen, die ich für unhöflich oder arrogant halte. Obwohl es nicht sehr oft vorkommt, schätze ich die Freiheit, einfach Nein sagen zu können. Zu Hause ist mir das oft schwer gefallen. Ich nehme Umwege für Menschen in Kauf, die ich mag, halte mich aber von jenen fern, die ich nicht sympathisch finde. Keine Verpflichtungen, keine Reue und keine Erwartungen. Es gilt nur die einfache Regel: Wenn du nett zu mir bist, dann bin ich auch nett zu dir. Ohne Wenn und Aber.

Was nun die persönliche Freiheit angeht: Auch diese umfasst weit mehr als das simple »Ich mache, was ich will«-Credo. Unsere Gesellschaft ist darauf ausgerichtet, Menschen davon abzuhalten, aus dem Leben auszubrechen, das sie sich in ihren frühen Zwanzigern eingerichtet haben. Sie funktioniert wie ein riesiges Uhrwerk, in dem wir die kleinen, passgenauen Zahnrädchen sind, die alles am Laufen halten. Haben Sie erst einmal Ihren Platz in der Maschinerie eingenommen, dann werden Sie merken, dass der Ausstieg mit den Jahren immer schwieriger wird.

Die meisten Menschen entdecken Mitte 40, dass es außerordentlich schwierig ist, sein Leben dann noch einmal zu verändern, falls man das möchte. Man kann nicht einfach alle paar Jahre den Job wechseln, richtig? Vor allem, wenn man einen über 30 Jahre laufenden Kredit abzubezahlen, ein Autodarlehen abzustottern, Freunde zu beeindrucken, sein Image zu wahren und einen teuren Lebensstil aufrechtzuerhalten hat. Sie wollen das alles gegen ein Jahr Surfen vor Hawaii oder einen anderen lebenslang gehegten Traum eintauschen? Der Gegenwind, den Sie aus Ihrem Umfeld erfahren werden – vom logistischen Albtraum, vom fahrenden Zug abzuspringen, einmal ganz zu schweigen –, wird Orkanstärke erreichen.

Zu lernen, wie man eine minimalistische Existenz aufbaut, genießt und erhält, ist einer der lohnenswertesten Aspekte des Langzeitreisens.

Wenn Sie aber mit Ihrem Absprung Erfolg haben, werden Sie sich nie wieder gefangen fühlen.

Wenn Ihnen ein Ort nicht gefällt, können Sie einfach weiterreisen. Sie mögen die Leute in Ihrem Umfeld nicht? Servieren Sie sie ab! Keine Lust auf harte Winter und brütend heiße Sommer? Auch die lassen sich mit guter Planung umschiffen. Sie können die Lebendigkeit einer Stadt oder die Beschaulichkeit auf dem Land genießen. Sie können an verregneten Tagen arbeiten und an den sonnigen neue Horizonte erobern. Und was noch wichtiger ist: Sie werden nie wieder die Arbeit hassen, der Sie zur Finanzierung Ihrer Reise nachgehen, denn Sie arbeiten für die Erfüllung des eigenen Traums und nicht den eines anderen.

All das bedeutet nicht, dass alle, die ein sesshaftes Leben inmitten der Gesellschaftsmehrheit führen, sich wie Gefangene in einem unentrinnbaren Labyrinth fühlen. Sollten Sie allerdings zu denjenigen zählen, die doch so empfinden, dann könnte die Freiheit, die das Langzeitreisen mit sich bringt, eine unglaublich verlockende Belohnung für Sie sein.

Im Hier und Jetzt leben

Obwohl die meisten Menschen bestrebt sind, den Moment zu genießen, ist dies in unserer konventionellen Gesellschaft nicht einfach. **Alles** in einem geregelten Leben ist auf Langzeitziele ausgerichtet: der Job mit einer guten Rentenabsicherung, der über 30 Jahre laufende Kredit und sogar der Fünfjahresvertrag Ihres Mobiltelefons. Unterwegs aber geht es bei allen Sorgen immer nur um die nahe Zukunft. Warum? Weil das Reisen so unvorhersehbar ist. Es zwingt einen, nur kurzfristige Entscheidungen zu treffen.

Unsere Vorhaben beinhalten das, was wir heute und vielleicht noch morgen machen wollen. Weiter in die Zukunft können wir nicht blicken. Es macht gar keinen Sinn zu planen, wo wir heute in einem Monat sein wollen, weil vom wechselnden Wetter über das Kennenlernen anderer Reisender bis hin zu Autopannen alles Mögliche passieren kann und die Wahrscheinlichkeit für die reibungslose Umsetzung eines Plans gegen null tendiert.

Wir nehmen alles, wie es kommt, und genießen die Freiheit, unseren Kurs und unser Tempo zu ändern, wie wir es wollen, natürlich immer in Abhängigkeit von der jeweiligen Situation.

Es ist ein Kernsatz des Langzeitreisens, in der Gegenwart zu leben und sich nicht um die Zukunft zu sorgen. Ganz klar, dass das Heute nicht immer nur angenehm ist. Tatsächlich gibt es Zeiten, in denen nur die Gedanken an das bessere Danach helfen können, das erbärmliche Heute zu ertragen. In der Zwischenzeit aber blicken Sie nach vorn, versuchen damit klarzukommen und machen einfach weiter. Sie haben in dieser Angelegenheit gar keine Wahl, wenn Sie Ihre Reise fortsetzen wollen. Langzeitreisen lehren Sie, die Dinge **jetzt** anzupacken! **Jetzt** zu entscheiden! **Jetzt** zu handeln! Warten Sie nicht ab, zögern Sie es nicht hinaus, zaudern Sie nicht. Das Leben ist zu kurz, zu kostbar und zu zerbrechlich, um es mit langfristigen Planungen zu verschwenden.

Grenzenlose Vielfalt

Egal wie Sie es nennen – »Hamsterrad« oder »mit den Nachbarn mithalten« –, die häufigsten Klagen, die ich von Bekannten zu Hause zu hören bekomme, haben mit der Alltagsroutine im Stil von *Und täglich grüßt das Murmeltier* zu tun. Wenn Sie unterwegs sind, dann werden Sie dieses Gefühl nie wieder erleben. Im Gegenteil, Sie werden sich nach einer Art Terminplan sehnen, um Ihrem Leben wenigstens einen Hauch von Normalität zu verleihen. Wir beispielsweise bemühen uns darum, die Tage mit einem immer gleichen Ritual zu beginnen: aufwachen bei Sonnenaufgang, eine Tasse Kaffee im Zelt, die erste Zigarette … Uns ist klar, dass der Rest des Tages weitgehend unvorhersehbar ist. Überraschungen – ob nun gute oder schlechte – sind die Essenz eines jeden Tages unserer Existenz.

Es wird oft gesagt, dass Vielfalt das Gewürz des Lebens ist, und tatsächlich: Reisen führt zu einem außerordentlich wohlschmeckenden Leben! Keine zwei Tage sind jemals gleich. Ihre Umgebung verändert sich, so oft Sie es wollen. Das Gleiche gilt für die Menschen, mit denen Sie zu tun haben, die Architektur, die Sie betrachten, und die Speisen, die Sie zu sich nehmen.

Die Verlangsamung der Zeit

Wenn Sie tagein, tagaus die gleichen Dinge in der gleichen Umgebung tun, vermischen sich Wochen und Monate zu einem einzigen großen Brei, vergehen die Jahre, ohne dass Sie es überhaupt bemerken. Das Reisen verlangsamt alles in eindrucksvoller Weise. Sie werden den Wechsel der Jahreszeiten und das Vergehen der Zeit in einer Weise erleben, die Sie nicht für möglich gehalten hätten. Ein Jahr auf Achse mit all den verschiedenen Reizen und Erfahrungen scheint endlos und lässt Sie jeden einzelnen Moment bewusst erleben.

...

Du meine Güte. Diese Liste wird niemals enden. Aber sie muss es. Also nur noch ein paar eher praktische Hinweise ...

Können Sie sich ein Leben ohne Hausarbeit vorstellen? Ich schon! Ich habe fast zehn Jahre lang kein Hemd mehr gebügelt, und ich muss sagen, dass sich mein Leben dadurch verbessert hat. Ich erinnere mich daran, dass ich in meinem früheren Leben meine Samstage mit Hausputz verschwendet habe. Heute kann ich mein gesamtes Zuhause in fünf Minuten verpacken und in eine Kiste stecken, die in etwa die Größe meiner alten Mikrowelle hat. Es kostet mich weniger Zeit, den Schlafsack in seinen Sack zu stopfen, als jeden Morgen ein Bett zu machen. Und obwohl ich keine Waschmaschine habe, kann man die Handwäsche von zwei T-Shirts pro Woche wohl kaum als Hausarbeit bezeichnen, oder? Staubsaugen und Staubwischen erledige ich, indem ich das leere Zelt einmal ausschüttle. Nie zuvor hat mir Hausarbeit so viel Spaß gemacht!

Langzeitreisen sind gewiss nichts für jeden. Ich bin sicher, dass das nackte Versprechen von weniger Hausarbeit als alleiniges Argument für so eine radikale Veränderung Ihres Lebens nicht ausreicht. Wägen Sie die Vor- und die Nachteile ab. Sollten Sie dann immer noch unentschlossen sein, kann ich Sie nur dringend bitten, sich keine Sorgen zu machen. Für jede Schattenseite gibt es einen Silberstreifen am Horizont, jedes Problem wird eine Lösung finden, und jede Erfahrung – gut oder schlecht – wird Sie zu einem stärkeren und optimistischeren Menschen machen. Das garantiere ich Ihnen.

Sind Sie sicher, dass Sie dafür geschaffen sind?

Es mag ein bisschen verwunderlich sein, ein solches Kapitel in einem Handbuch für Langzeitreisende zu finden. Denn wenn Sie einen Elternratgeber kaufen, erwarten Sie darin ja auch kein Kapitel über die Gründe, warum man vielleicht besser doch keine Kinder haben sollte. Sollte es nicht mein Ziel sein, Menschen zum Reisen zu inspirieren? Teilweise, ja. Mehrheitlich, nein. Ich möchte Menschen mehr als alles andere zum **glücklichen** Reisen inspirieren.

Es gibt sehr viele Menschen, die in der Absicht aufgebrochen sind, viele Jahre unterwegs zu sein, dann aber zwei Monate nach Reisebeginn erkannt haben, dass sie unglaublich unglücklich sind. Während es viele Menschen gibt, die aus dem Stegreif wissen, dass dieser Lebensstil nicht zu ihnen passt, sind da noch mehr Menschen, die mit der irreführenden Illusion aufbrechen, sie seien bereit zu reisen. Individuen mit bestimmten Charaktereigenschaften sollten sich darüber im Klaren sein, dass Reisen zwar die Persönlichkeit verändern, aber keine Wunder vollbringen kann!

Wenn Sie sich mit einem der folgenden Charaktere identifizieren können, dann könnten Sie unterwegs Probleme bekommen. Sie wollen trotzdem unbedingt los? Dann finden Sie einen Weg, Ihr Verhalten zu ändern, oder Sie werden unterwegs mordsmäßig auf die Schnauze fliegen.

Der Utopist

Sollten Sie das Langzeitreisen als Lösung für all Ihre existenziellen Probleme ansehen, dann könnten Sie bitter enttäuscht werden. Wenn Sie verstehen und akzeptieren, dass Reisen nicht immer schön ist oder glücklich macht, dann wird sich Ihre Chance erhöhen, länger durchzuhalten. Sie sind als Reisender dazu bestimmt, auch miese Tage zu erleben, an denen Sie einfach nur den Reißverschluss Ihres Zeltes zuziehen, sich für ein paar Tage mit einer Flasche Wodka einkapseln, sich in den Schlaf wiegen, den Daumen in den Mund stecken und nach Ihrer Mama schreien wollen. Sie sollten solche Tage nicht erwarten, aber Sie werden ein besser vorbereiteter Nomade sein, wenn Sie die Möglichkeit zumindest in Betracht ziehen.

Der Kontrollfreak

Packen Sie Ihre Ferienvorbereitungen grundsätzlich mit militärischer Präzision an? Planen Sie jeden Tag im Sekundentakt durch, und glauben Sie wirklich, dass Sie durch diese Vorausplanung das Überraschungselement eliminieren können? Sie, mein lieber Noch-nicht-Nomade, sind schlicht und ergreifend paranoid! Langzeitreisen folgen mehr als alles andere dem Zufallsprinzip. Und obwohl Sie einige Dinge kontrollieren werden können, gilt das eben für die meisten nicht. Nun bekommen Sie nicht gleich einen Schweißausbruch. Das Leben ist so viel amüsanter, wenn Sie einfach einmal mit dem Strom schwimmen. Natürlich gibt es Tage, an denen ich nicht einmal pinkeln kann, wenn ich es möchte, da gerade 20 überneugierige Äthiopier um unser Zelt herumschwirren. Aber ich persönlich empfinde dieses Tohuwabohu als belebend für meine Seele und nicht nur als Belastung für meine Blase. Wenn allein die Gedanken an Ungewissheit und Mangel an Sicherheit in Ihnen ein Verlangen nach Valium auslösen, dann sind Kurzreisen vielleicht die bessere Wahl für Sie.

Der Pessimist

Zu den ersten Dingen, die Sie für Ihren Trip einpacken sollten, zählen ein guter Sinn für Humor, ein offener Geist und eine gesunde Portion Optimismus. Lassen Sie auch nur eine dieser Eigenschaften zu Hause, dann werden Sie Langzeitreisen in Nullkommanichts als verstörend und brandgefährlich empfinden. Pessimisten überleben da draußen nie lange, denn es gibt so viele Dinge, die von ganz allein schiefgehen können und werden. Das auch noch bewusst zu erwarten, wird Ihr ganzes Reiseabenteuer zu einem sinnlosen Unterfangen machen. Schwarzmaler sollten daheim bleiben.

Die Prinzessin oder der Prinz

Vielen Menschen ist nicht klar, wie verdreckt und müffelnd man zuweilen auf einer Langzeitreise unterwegs ist, besonders wenn man vorwiegend wild campt und sich nicht duschen kann. Daran können sich weder die Reisenden noch die Menschen in ihrer Umgebung gut gewöhnen. Auch nach Jahren der Übung empfinde ich es immer noch als schwierig, mit den Unbequemlichkeiten des Lebens unterwegs klarzukommen. In dieser Welt der Nomaden bin ich vergleichsweise »pflegeaufwendig«, denn ich besitze die Unverfrorenheit, mich zu beschweren, wenn ich zehn Tage lang nicht duschen konnte. Um nicht auch so gebrandmarkt zu werden, rate ich Ihnen bis zur Abreise zum Üben. Gehen Sie bei 30 °C eine Stunde joggen, laufen Sie auf dem Rückweg an einem Bauernhof vorbei, machen Sie einen Kopfsprung in einen Misthaufen, und verzichten Sie nach der Rückkehr nach Hause für zehn Tage auf eine Dusche. Klingt derb? Härten Sie sich ab, und seien Sie keine Prinzessin! Und auch kein Prinz!

Sind Sie erst ein paar Monate unterwegs, wird Ihr Hab und Gut schnell wie aus der Mülltonne gezogen aussehen. Sie werden stolzer Besitzer schäbiger Klamotten, stinkender Schuhe und ausgeleierter Unterwäsche sein. Ich sollte noch hinzufügen, dass der sogenannte Spaß beim Shoppen im Ausland durchaus seine Grenzen hat. Wenn Sie ein Zwei-Meter-Hüne sind, dann werden Sie Mühe haben, in Asien, Afrika oder Südamerika passende Bekleidung zu finden. Ich wünsche Ihnen viel Spaß dabei …

Der grundsätzlich abhängige Mensch

Viele Menschen mögen denken, dass sie völlig unabhängig leben, bis dann plötzlich irgendetwas total schiefgeht. Erst dann bemerken sie, wie hilflos sie ohne die emotionale Unterstützung ihrer Angehörigen sind. Langzeitreisen werden Ihnen die Unabhängigkeit in die Seele brennen. Doch diejenigen, die von Beginn an nicht dazu neigen, werden schrecklich leiden. Die Lernkurve des Reisens ist lang und steil. Das gilt insbesondere für die ersten Monate und alle, die bislang immer an Mutters Rockzipfel hingen. Wenn Sie Notlagen nicht ertragen können, ohne gleich zum Hörer zu greifen und sich an der Schulter Ihres besten Freundes auszuweinen, dann werden Sie Langzeitreisen als etwas zu isolierend empfinden. Wenn es hart auf hart kommt, werden allein Sie es sein, der mithilfe seines Einfallsreichtums und seiner Entschlossenheit die Hürden nehmen kann.

Der respektlose Idiot

Das ist jetzt ein bisschen heikel, denn ich bezweifle, dass es viele respektlose Idioten gibt, die tatsächlich imstande sind, diese üble Eigenschaft beim Blick in den Spiegel zu erkennen. Vielleicht könnten Sie also, wenn Ihnen einer von denen über den Weg läuft, dieses Buch offen liegen lassen und diese Seite markieren. Vielleicht verstehen sie den Hinweis ja. Obwohl das unwahrscheinlich ist, denn sie sind ja nun einmal die Idioten, die sie sind.

Manche Reisenden kritisieren beim Besuch eines fremden Landes ständig lokale Gepflogenheiten und Gebräuche, mit denen sie nicht einverstanden sind, und versuchen sogar noch, sich über diese hinwegzusetzen. Es sind die gleichen Langzeitreisenden, die Sie in ultrakonservativen Ländern in Tanktops und Shorts herumlaufen sehen werden. In Kirchen, Moscheen und Tempeln reden sie zu laut oder verspotten religiöse Feierlichkeiten öffentlich als Unsinn.

Als frühere Reiseführerin weiß ich, dass es einige Leute gibt, die sich mächtig viel darauf einbilden, sich so zu verhalten, wie sie es gerade möchten, und dabei die örtlichen Gepflogenheiten einfach zu ignorieren. Normalerweise sehen sie sich nur dann gezwungen, dem Reiseleiter zuzuhören, wenn irgendetwas schiefgeht. Natürlich ist es möglich, als Idiot viele Jahre lang fröhlich um die Welt zu ziehen. Doch wenn sie dann zusammengeschlagen werden, im Gefängnis landen, aus einem Land hinausgeworfen werden oder gleichermaßen von Einheimischen wie Reisekollegen abgestraft werden, dann sollen sie bitte nicht sagen, ich hätte sie nicht gewarnt.

Der Verschwender

Als kaufsüchtig wird in der Regel ein Mensch bezeichnet, der nicht anders kann, als immer wieder unnötige Dinge zu erwerben, oft in krassem Missverhältnis zum eigenen Einkommen. Dieses Phänomen existiert auch in der Welt der Langzeitreisenden! Reiseverschwender mögen zwar keine Schuhe, Taschen und Kleider kaufen, doch sie werden an jeder einzelnen Aktivität in jedem nur denkbaren Ort teilnehmen und jede Nacht ihr Geld für Alkohol auf den Kopf hauen. Das sind dann die Reisenden, die ihr Budget viel zu früh überziehen.

»Oh, Mann … ich wollte drei Jahre reisen, musste aber schon nach drei Monaten wieder heimkehren.« Das ist kein seltener Einzelfall. Lassen Sie nicht zu, dass Ihnen das passiert! Bekämpfen Sie den Drang, immer alles erleben zu müssen. Sie werden Ihren eigenen Rhythmus früh genug finden, dann entscheiden, was Sie **wirklich** glücklich macht, und Meister des eigenen Reisebudgets werden. Wenn Sie das ein wenig üben möchten, warten Sie, bis Sie von Freunden zu einer Kneipentour aufgefordert werden … und bleiben dann zu Hause. So sparen Sie Geld und lernen, wie es sich anfühlt, etwas zu verpassen. Jetzt müssen Sie sich nur noch daran gewöhnen.

Auf der Suche nach dem Zuhause

Ich bin die Erste, die zugibt, sich nach den Annehmlichkeiten zu Hause zu sehnen, besonders wenn ich über Wochen keine vernünftige Mahlzeit mehr genossen habe und nass bis auf die Unterwäsche Motorrad fahre. Wenn Sie zu denen gehören, die auch außerhalb von Europa ständig nach dem guten Schwarzbrot suchen und einen Anfall bekommen, wenn Sie es nicht finden, sollten Sie Ihr Verlangen nach einer Langzeitreise noch einmal überdenken. Na klar, ich weiß, dass es nicht schwer ist, gutes Vollkornbrot herzustellen. Es sollte – mal abgesehen von der Antarktis – vermutlich überall auf dem Planeten zu haben sein. Doch leider Gottes ist das nun einmal nicht der Fall. Mir geht es mit italienischem Espresso ganz ähnlich. Aber Sie werden mich auch dann nicht meckern hören, wenn ich in Südafrika genötigt bin, ekelhaften Malzkaffee zu trinken, oder? Wahrscheinlich doch, denn dieses Malzzeug ist widerlich, aber das ist nicht der Punkt! Bei diesem Lebensstil geht es darum, sich überall ein Gefühl von

Zuhause zu verschaffen, aber nicht darum, alle bekannten Annehmlichkeiten aus dem Heimatland in jeder Ecke der Erde zu reproduzieren. Stehen Sie das klaglos durch, und finden Sie sich damit ab.

…

Es gibt noch viel mehr Eigenschaften und Überzeugungen, mit denen eine Langzeitreise stehen oder fallen kann, doch die oben genannten sind vielleicht die wichtigsten. Andere wie beispielsweise Toleranz, Geduld und Minimalismus, also die Gabe, auch mit nur wenigen Besitztümern glücklich zu sein, kann man sich unterwegs ganz leicht aneignen. Das Reisen wird es Ihnen auf wunderbare Weise eintrichtern.

Über die Entstehungsgeschichte der Kritik

Der amerikanische Schriftsteller und Philosoph Elbert Hubbard hat es einmal treffend formuliert: Um Kritik zu vermeiden, müsse man »nichts sagen, nichts tun und nichts sein«. Er mag Recht gehabt haben. Wenn noch niemals der Stab über Sie gebrochen wurde, dann haben Sie vermutlich nicht wirklich gelebt. Menschen können ziemlich voreingenommen sein, und wenn Sie glauben, dass man sich vor dieser menschlichen Eigenschaft schützen kann, indem man seine Taschen packt und aufbricht, die Welt zu sehen, dann irren Sie sich gewaltig.

Egal wie weit Sie herumwandern, es wird immer irgendwo einen Seitenhieb geben, der nur auf Ihre Ankunft wartet. Wenn Sie Mitte oder Ende 20 sind, dann sind das hier die Kommentare, die Sie zu hören bekommen werden:

»Oh, es muss schön sein, ohne Verantwortungsgefühl zu leben.«

»Und wann wirst du erwachsen und führst ein vernünftiges Leben?«

»Mensch, deine Eltern müssen ja stinkreich sein!«

»Also ich denke, dass du nur eine rebellische Phase durchlebst.«

Wenn Sie dann Mitte 30 sind, dann werden Sie vielleicht auch diese Bemerkungen hören:

»Magst du denn deine Familie und Freunde zu Hause nicht?«

»Wovor läufst du eigentlich weg?«

Manchmal werden Sie diese Kommentare schon vor Ihrer Abreise zu hören bekommen. Von dem Moment an, in dem Sie die Entscheidung treffen, das System zu verlassen und ein Langzeitreisender zu werden, werden Sie diverse Geringschätzigkeiten erfahren. Diese kleinen Sticheleien sind nur ein paar Beispiele für Bemerkungen, die Familienmitglieder, Freunde, Bekannte und sogar Fremde Ihnen gegenüber loslassen werden. Nach einer Weile werden Sie vielleicht den seltsamen Eindruck haben, dass **jeder** auf dieser Welt offensichtlich eine feste Auffassung davon hat, wie **Sie** Ihr Leben leben sollten. Das liegt daran, dass sie diese tatsächlich haben.

Wagen Sie, etwas nur ein wenig außerhalb der Norm Liegendes zu tun, und die Menschen werden ein unbändiges Verlangen verspüren, Sie infrage zu stellen, zu verurteilen und Ihre Entscheidung sogar zu verdammen. Das kann extrem deprimierend sein, insbesondere dann (wie die meisten bestätigen können, die das durchgemacht haben), wenn

Sie möglicherweise monate- oder sogar jahrelang über eine lebensverändernde Langzeitreise nachgedacht haben. Die meisten Menschen werden niemals verstehen, mit wie vielen Zweifeln und wie viel Selbstkritik sich potenzielle Langzeitreisende herumschlagen, bevor sie ihre ultimative Entscheidung treffen. Diese Ignoranz ist die Wurzel aller negativen Kritik. Was also sollten Sie tun?

Sie könnten lernen zu akzeptieren, dass es immer jemanden geben wird, der Ihnen in die Parade fährt. Und falls alles andere nicht funktioniert, dann können Sie Ihrem Kritiker immer noch den geistigen Mittelfinger zeigen und einfach weiterreisen. Alternativ können Sie aber auch geschickt reagieren und ein bisschen Verständnis signalisieren.

Kritik von Fremden: die Wurzel des Übels

Die drei häufigsten Gründe, die hinter Kritik von Fremden stecken, sind Neid, Ignoranz und Selbstbezogenheit. Einige Kritiken rühren daher, dass diejenigen Enttäuschungen erlebt haben oder verpasste Chancen bereuen. Manchmal empfinden sie sich als Ihr Zwilling, der das auch hätte tun können, hätte tun sollen, hätte … aber niemals getan hat. Es kann helfen, wenn Sie verstehen, dass Sie sozusagen das personifizierte Bedauern Ihres Gegenübers sind. Gehen Sie mit solcher Kritik freundlich und sensibel um.

Manchmal finde ich mich mitten in einer Diskussion mit Leuten wieder, die mir absolut nichts glauben, egal was ich sage. Dieser alternative Lebensstil weicht so sehr von der Norm ab, dass er manche Menschen einfach vor den Kopf stößt. Normalerweise ist deren Reaktion dann defensiv. Sie sagen Dinge wie: »Aber so ein Leben kann doch auf Dauer nicht funktionieren … das ist lächerlich!« Die Folgebemerkung klingt dann immer etwa so: »Nun ja, ich denke, dass das Leben in der normalen Gesellschaft für dich einfach zu hart war …«

Als ich zum ersten Mal mit solch einem Kommentar konfrontiert worden bin, war ich geradezu geschockt. Ich hatte das dringende Bedürfnis, das gesamte Ausmaß der inneren Kämpfe bis zu meiner lebensverändernden Entscheidung aus mir herauszuschreien. Heutzutage schweige ich dann eher und lächle einfach. Ich gebe ihnen die Chance zum Zwiegespräch mit sich selbst. Wenn ich dann denke, dass sie so weit sind, biete ich die bestmögliche Antwort an. Normalerweise beginne ich damit, ihnen zu erzählen, dass ich schon lange gereist bin, bevor jemals Schulden und Verantwortung auf mir lasteten. Ich weise darauf hin, dass ich kein Haus besitze, keine Kinder habe und keine Verantwortung für eine Familie, die mich vielleicht vom Reisen abhalten könnte. Ich erzähle ihnen, wie fordernd dieses Leben sein kann, wie sowohl Chris als auch ich selbst unterwegs Arbeit gefunden haben und warum dieser Lebensstil schlussendlich nicht zu jedem passt, für **uns** aber funktioniert.

Es ist der letzte Teil dieses Satzes, der die Leute normalerweise umstimmt. In dem Moment, in dem sie feststellen, dass du in keinster Weise über **sie** urteilst, rudern sie zurück. Das bringt uns zum nächsten wichtigen Punkt.

Es geht nicht immer um Sie

Im Laufe der Jahre habe ich gelernt, Kommentare richtig einzuordnen. Wenn jemand sagt: »Du spinnst, es ist unmöglich, ein Jahr lang von 6000 Euro zu leben«, dann meint er eigentlich: »Ich habe es gerade einmal schnell im Kopf überschlagen: Es wäre für mich persönlich unmöglich, von so wenig Geld zu leben. Also ist es unmöglich, dass es **irgendjemand** kann!«

Je mehr Kritik Sie erfahren, desto schneller werden Sie bemerken, wie viel vom Gegenüber in dieser steckt. Mit einem alternativen Lebensstil in Kontakt zu kommen, kann den anderen dazu zwingen, sein eigenes Wertesystem und seine Prioritäten zu überprüfen und zu hinterfragen. Nicht jeder wird darüber froh sein, diesen Spiegel vorgehalten zu bekommen, auch wenn das ursprünglich nicht Ihre Absicht gewesen sein mag.

Angesichts des minimalistischen Lebens, das ich führe, vermuten manche Menschen irrtümlicherweise, dass ich Materialismus für die Wurzel allen Übels halte. Wenn diese dann wohlhabend **und** total zufrieden mit ihrer beruflichen Karriere sind, dann betrachten sie mich möglicherweise automatisch als moralischen Feind. Das Herunterfahren meiner Bedürfnisse mag mich glücklich gemacht haben, aber ich würde niemals glauben, dass es auch jeden anderen Menschen glücklich macht. Wenn ich dieses wichtige Detail verständlich machen kann, dann zerplatzen die Einwände in der Regel wie Seifenblasen.

Ignoranz sollte nicht unterschätzt werden

Unglücklicherweise haben die meisten Nichtreisenden absolut keine Ahnung von dem gelegentlichen, aber sehr intensiven Leid, das diese Lebensentscheidung beinhaltet. Ich habe Leute kennengelernt, die mich für extrem selbstsüchtig und gefühllos hielten. Ihrer Meinung nach kann man nicht glücklich sein, wenn man mehrere Jahre am Stück unterwegs ist, ohne seine Familie zu sehen. Man mag seine Familie dann offenbar nicht. Oh, Mann! Hin und wieder läuft einem so ein arroganter Schnösel über den Weg, der meint, er wisse innerhalb von fünf Minuten komplett über Sie Bescheid. Sollte das passieren, klären Sie Ihr Gegenüber auf, wenn Ihnen danach ist. Oder lassen Sie es, wenn Sie keine Lust dazu haben. Sie **müssen** Ihre Entscheidungen nur vor sich selbst und Ihnen besonders nahe stehenden Menschen rechtfertigen.

Das grünäugige Monster

Manche Kritiken entspringen einer der hässlichsten Charaktereigenschaften der Menschen, dem Neid. Wann immer ein offensichtlich eifersüchtiges Individuum einen vergifteten Pfeil auf Sie abschießt, sagt es damit eigentlich Folgendes: »Mein Leben ist farblos, ich arbeite in einem Job, den ich nicht mag, und habe dermaßen viele Schulden angehäuft, dass ich mir kaum zwei Wochen Urlaub leisten kann. Es würde mir viel besser gehen, wenn du ebenso leidest wie ich.« Machen Sie einen großen Bogen um solche Menschen, damit ihre Verbitterung und ihre Missgunst Ihnen nicht den Tag verderben.

Kritik von der Familie: der schmerzlichste Stich von allen

Wenn Sie wie oben beschrieben kritisiert werden, dann werden Sie auch feststellen, dass man negative Bemerkungen von Fremden relativ leicht ignorieren kann. Das sieht jedoch ganz anders aus, wenn die Kritik von Menschen stammt, die zu den wichtigsten in Ihrem Leben gehören. Zu wissen, dass auch die sauersten Worte der **Liebe** entspringen, nimmt diesem Schlag glücklicherweise ein wenig seine Härte. Eltern werden sich um Sie sorgen, egal wie alt Sie sind; sie beginnen damit im Moment Ihrer Zeugung und werden damit bis zu ihrem letzten Atemzug nicht aufhören. Wenn sie immer wieder von Ihrer Zukunft sprechen, von Ihren Rentenplänen und danach fragen, wann Sie endlich erwachsen werden, dann fasse ich das nicht als Angriff auf, da ich weiß, dass das aus aufrichtiger Liebe und aufgrund von Generationsunterschieden geschieht.

Es ist Liebe, die meine Mutter immer dazu antrieb, mir hundertundeine Frage darüber zu stellen, was ich plane und wie ich leben will. Fast ein Jahrzehnt später sind diese Fragen aus verschiedenen Gründen nun fast versiegt: Erstens hat sie sich an die Vorstellung gewöhnt, dass ich auf Langzeitreise unterwegs bin. Zweitens hat sie erkannt, dass ich absolut imstande bin, dieses Leben auch weiterhin zu führen. Drittens hat sie akzeptiert, dass es für unsere Beziehung viel besser ist, wenn sie mich nicht kritisiert, sondern unterstützt. Viertens kann sie sehen, wie glücklich ich mit meinem Leben bin.

Was die Generationsunterschiede betrifft: Wenn für Ihre Eltern die finanzielle Sicherheit im Vordergrund steht, dann werden Sie sie einfach nicht glücklich machen können, wenn Sie ganz andere Ziele und Werte haben. Trotzdem stehen auch Ihre Eltern vor einer gewaltigen Herausforderung: Sie haben davon geträumt, dass ihre Kinder Ärzte oder Rechtsanwälte werden, doch stattdessen wollen Sie Ihr Leben mit dem Sammeln von Erinnerungen und der Entdeckung der

Welt verbringen. Kein Wunder, dass sie ein bisschen enttäuscht sind. Zeigen Sie ein bisschen Mitgefühl. Ich glaube fest daran, dass Eltern am Ende vor allem wollen, dass ihre Kinder glücklich und zufrieden sind. Geben Sie ihnen ein bisschen Zeit, und die meisten werden zweifellos erkennen, dass es eben nur genau darauf ankommt.

Wenn Sie es am wenigsten erwarten …

Sie werden vielleicht überrascht sein, dass einige Reisekollegen zu den größten Kritikern zählen, denen Sie je begegnen werden. Gerade wenn Sie denken, dass Sie jemanden getroffen haben, der das Reisen liebt und Ihren Lebensstil mögen sollte, lässt der einen bescheuerten Kommentar vom Stapel, wie falsch Sie alles machen:

Warum reist du so schnell?
Warum reist du so langsam?
Warum besuchst du kein Museum?
Warum besuchst du jedes Museum?
Warum gibst du so viel aus?
Warum gibst du so wenig aus?

Und so weiter und so fort. **Oh mein Gott** wird da kritisiert, egal was Sie tun oder nicht tun!

Das ist die Art kritischer Fragen, für die ich am wenigsten Toleranz aufbringen kann. Vermutlich weil ich fälschlicherweise annehme, dass Reisekameraden es besser wissen sollten. Doch es gibt eine winzig kleine Gruppe solcher Nomaden, die zu den selbstgerechtesten Menschen zählen, auf die Sie je treffen werden. Sie sind davon überzeugt, dass

ihre Art des Reisens die **einzig seligmachende** Art ist. Mit dem Eifer besessener Missionare werden sie versuchen, Sie auf den richtigen Reisepfad zu führen.

Diese Leute bringen mich auf die Palme. Sie sind diejenigen, denen ich inbrünstig wünsche, sie würden einfach lernen, zu leben und leben zu lassen und vielleicht, nur ganz vielleicht einmal fünf Minuten die Klappe zu halten. Auf der anderen Seite glaube ich, dass die eigene Entschlossenheit mit nichts besser auf den Prüfstand gestellt werden kann als mit harter Kritik. Ich wäre 2004 auch dann in das Flugzeug gestiegen, wenn sich meine **gesamte** Familie und **alle** meine Freunde eingemischt und versucht hätten, mich zu stoppen. Wenn Kritik in Ihnen Zweifel auslöst, dann müssen Sie sich möglicherweise noch einmal auf eine Reise ins Innerste Ihrer Seele begeben, um herauszufinden, ob es wirklich das ist, was Sie mit Ihrem Leben machen wollen. Wie wäre es mit einem Testlauf? Fahren Sie für ein paar Wochen los! Das wird Ihnen nicht nur ein paar wertvolle Wochen Zeit zum Nachdenken verschaffen, sondern auch einen Vorgeschmack darauf geben, worum es beim Reisen geht.

Wenn Kritiker Sie zum Zweifeln bringen: Machen Sie einen kleinen Reisetestlauf!

Wenn Sie aufrichtig überzeugt sind, jedoch während der Vorbereitungen eine Schulter zum Anlehnen brauchen, dann strecken Sie die Hand in Richtung der virtuell gut vernetzten internationalen Reisegemeinschaft aus. Wir sind alle hier draußen, um Sie anzufeuern! Was immer Sie tun wollen und wo immer Sie hingehen wollen: Es wird dort eine ganze Familie Gleichgesinnter sein, reisesüchtige Leute, die nur auf Ihre Ankunft warten.

Elbert Hubbard mag mit seinem Kommentar über Kritiken Recht gehabt haben. Doch wenn es so ist, dann sage ich: »Zur Hölle damit. Gehen Sie raus, und tun Sie etwas, was wert ist, kritisiert zu werden!«

HÖHEN, TIEFEN
UND EIN HAPPY END

»In zwanzig Jahren wirst du mehr über die Dinge
enttäuscht sein, die du nicht gemacht hast,
als über die, die du gemacht hast.
Also wirf die Leinen los und verlass den sicheren Hafen.
Fang die Passatwinde in deinen Segeln.
Forsche. Träume. Entdecke.«
Mark Twain

Die Reisefallen

Es gibt eine Menge Fallen, in die Langzeitreisende tappen können. Und dabei rede ich nicht von diesen typischen Geschichten über Taschendiebstähle oder Touristennepp. Die Fallen, auf die ich hier anspiele und die ich im Folgenden beschreiben möchte, haben mehr mit moralischen Dilemmas und emotionalen Herausforderungen zu tun. Ich habe mit Reisekameraden teilweise heftig über diese Themen diskutiert. Daher ist es auch sehr wichtig, ihnen in diesem Buch ein eigenes Kapitel zu widmen. Lesen Sie es aufmerksam, und verinnerlichen Sie das Gesagte, sodass Sie nicht in eine dieser Fallen tappen.

Und, ganz wichtig, hinterfragen und überprüfen Sie alles, was Sie erleben.

Die fehlgeleitete Suche nach Echtheit

Viele Reisende nehmen große Umwege in Kauf, um entlegene und weit entfernte Orte zu besuchen, nur um dort enttäuscht die Zeichen der Moderne vorzufinden. Offensichtlich meinen sie, dass Echtheit Mobiltelefone, Designersonnenbrillen und Laptops ausschließt. Oder tut sie das nicht? Wer bestimmt eigentlich, was **echt** ist?

Während meiner Zeit als Reiseführerin nahm ich meine Gäste bei den Besuchen der Masai Mara immer in ein »traditionelles« Massai-Dorf mit. Wir erlebten dort jedes Mal, wie Rinderblut getrunken, das Feuer mit zwei Holzstöcken entfacht wurde und die typischen springenden Tänze vorgeführt wurden. Ich hatte nur ein Problem mit dieser Geschichte: Mir war klar, dass diese Gemeinde – wie eine zunehmende Zahl von Dörfern in Kenia und Tansania – in Wahrheit recht modern war. Es gab in jeder Hütte Mobiltelefone, und die meisten Dorfbewohner trugen westliche Kleidung, wenn gerade keine Touristen da waren. Unser Verbindungsmann Jackson versteckte seinen Motorroller während unseres Besuchs stets in seiner Lehmhütte.

Als wir uns zum ersten Mal trafen, sagte er mir: »Sie sind so enttäuscht, wenn sie sehen, dass wir ganz normal leben.« Es scheint, dass Ausländer oft die Einzigen sind, die noch möchten, dass die einheimischen Stämme ihre alte, primitiv wirkende Lebensweise aufrechterhalten. Derweil können es die Stammesmänner und -frauen, wie fast überall auf der Welt, kaum erwarten, ihren Platz in den vordersten Reihen der modernen Gesellschaft einzunehmen. Es ist verdammt harte Arbeit, ohne Elektrizität zu leben, 15 Kilometer für fünf Liter Wasser zurückzulegen und ums nackte Überleben kämpfen zu müssen. Wer könnte es ihnen da verdenken, wenn sie ihren Lebensstandard verbessern möchten?

Die Welt entwickelt sich immer weiter, und weise Nomaden sollten das akzeptieren, um ihrer selbst und der Menschen willen, die sie besuchen. Heutzutage finden Sie sogar in den entlegensten Ecken Tansanias einen Internetanschluss. Von Facebook besessene Teenager sind längst ein globales Phänomen. Wir sind in einem winzigen Dorf inmitten der somalischen Wüste über Kühlschränke gestolpert, die mit Coladosen gefüllt waren. Wir lernten im Norden Kenias Kamelhirten kennen, die ganz scharf darauf waren, uns ihre neuesten iPods zu zeigen. Wer hier missgünstig ist, beleidigt damit diejenigen, die nach besseren Lebensbedingungen streben. Wer sind wir denn als Europäer, die moderne Güter meist sofort nach ihrer Erfindung genießen können, dass wir über Menschen in Entwicklungsländern urteilen, die dem Beispiel folgen wollen? Ganz gleich, was Sie wo sehen: Begreifen Sie, dass es so echt ist wie jeder andere Aspekt des Landes, das Sie besuchen.

Von reinen Touristenorten bis hin zu den entlegensten Gebieten eines Landes, das alles darf sein und hat seine Berechtigung. Nur weil Sie nicht mögen, was Sie sehen, oder es nicht zu Ihrer vorgefassten Meinung passt, wie es aussehen **sollte,** ist es deshalb nicht weniger echt. Um es ganz deutlich zu sagen: Wenn Sie das Afrika vor 100 Jahren erleben wollen, dann hätten Sie Afrika vor 100 Jahren besuchen müssen … oder sollten jetzt in ein Völkerkundemuseum gehen.

Das Meiden gefürchteter »Touristenfallen«

Die berühmtesten Sehenswürdigkeiten, ob natürliche oder von Menschenhand geschaffene, werden von vielen Langzeitreisenden oft als Touristenfallen bezeichnet. Etliche Nomaden würden sich niemals in eine Schlange stellen, um beispielsweise das Kolosseum oder den Eiffelturm anzusehen, schon allein aus Angst davor, für einfache Touristen gehalten zu werden.

Wenn Sie mich fragen, diese ganze Debatte um Touristen versus Reisende ist kompletter Unsinn. Wenn Sie ein Land besuchen und dort nicht geboren und aufgewachsen sind, dann **sind** Sie ein Tourist. Mir ist es egal, ob Sie fünf Tage oder fünf Monate bleiben; technisch betrachtet, sind alle Reisende Touristen. Ich habe Leute kennengelernt, die während eines dreiwöchigen Trips mehr von der Kultur eines Landes aufgenommen haben als einige Expatriates, die dort schon ein Jahr lang gelebt haben. Die Einstellung ist der entscheidende Faktor, nicht wie man wo hinkommt oder wie lange man bleibt.

Aber zurück zu diesen gefürchteten Touristenfallen. Ich denke, es gibt viele Gründe, warum die bekannten Sehenswürdigkeiten teilweise gemieden werden. Der Widerwille gegen riesige Menschenansammlungen (verstehe ich) ist einer der Hauptgründe, doch manche Leute haben auch einfach das Bedürfnis, eine Art individuelles Image zu pflegen. Ich habe Reisende kennengelernt, die etwa die Touristikwebsite TripAdvisor nach den beliebtesten Plätzen durchsucht haben, um diese dann **gezielt** meiden zu können. Und warum? Liegt uns so viel daran, einzigartig zu sein, dass wir deshalb absichtlich einige der wunderbarsten Sehenswürdigkeiten meiden? Vielleicht. Doch normalerweise gibt es gute Gründe dafür, dass einige Orte populärer sind als andere. Besuchen Sie mich in Sydney, und ich werde Sie als Erstes mit in den Hafen nehmen, die absolute Nummer eins unter den Orten, die man in Sydney gesehen haben sollte – so kann man es in allen Reiseführern nachlesen. Und es ist tatsächlich die bei Weitem schönste Gegend in meiner Stadt!

Wenn Sie in diese Falle tappen und glauben, Sie sind über den Besuch von »Touristenattraktionen« erhaben, dann kommt dabei nur eines heraus: Sie werden viel verpassen! Wenn Sie große Menschenansammlungen hassen (tun wir das nicht alle?), dann denken Sie daran, dass Sie ungewollte Gesellschaft vermeiden können, indem Sie die richtige Jahreszeit für einen Besuch wählen. Sie können ein völlig falsches Bild von Venedig oder Dubrovnik bekommen, wenn Sie diese Städte im August besuchen. Fahren Sie aber im Januar hin, dann lassen beide Ihr Herz mit Sicherheit höher hüpfen.

Natürlich kann man Schönheit auch in Ländern und Städten entdecken, die kaum besucht werden. Doch das macht die populäreren Orte nicht weniger wertvoll. Außerdem könnten Sie direkt in die nächste Reisefalle tappen, wenn Sie die schönsten Seiten eines Landes auslassen, nur um sich dann abzumühen, sie anderswo zu suchen …

Die Illusion vom Verlassen des Trampelpfads

Natürlich kann ich das Bedürfnis nachvollziehen, dass sich Menschen wie Entdecker von einst fühlen möchten, um einen Ort als Pionier zu erforschen. Aber lassen Sie uns ehrlich sein: Gibt es solche Orte heute überhaupt noch? Und sogar wenn es sie noch geben sollte, vielleicht tief im Regenwald des Amazonas, in der sibirischen Tundra oder auf dem Grund des Pazifischen Ozeans: Wie wichtig ist es, dass ausgerechnet Sie dort Ihre Fußspuren hinterlassen? Ist nicht die Tatsache, dass **Sie** einen Ort zum ersten Mal für sich entdecken, Befriedigung genug? Manchen Menschen reicht das offenbar nicht.

Darüber hinaus kann diese Idee, die ausgetretenen Pfade zu verlassen, manchmal auch nach hinten losgehen. Das aus Ihrer Sicht exotischste und unbekannteste Land kann für andere schon eine Touristenfalle sein. Die Schwarzmeerküste im Norden der Türkei ist dafür ein gutes Beispiel. Viele Overlander hatten uns erzählt, dass es sich bei dieser Region um einen der am wenigsten benutzten Reisewege durch das Land handeln würde. Doch als wir 2013 erst einmal da waren, stellte sich heraus, dass es nicht annähernd das unbekannte Gebiet war, das man uns geschildert hatte. Das mag es für Deutsche gewesen sein, aber ganz sicher nicht für **Ukrainer.** Die waren überall! Für sie ist es die mit Abstand beliebteste Ferienregion in diesem Gebiet der Welt. Was aus Ihrer Sicht wie »abseits vom Trampelpfad« erscheinen mag, kann für andere längst ein ausgetretener Weg sein.

Der Glaube, dass nur Menschen an ganz entlegenen Orten über Wissen und Weisheit verfügen

Die Illusion, dass man ausgetretene Pfade verlassen muss, führt leider auch dazu, dass viele meinen, dass man nur dort lehrreiche und wertvolle Begegnungen haben kann und nicht etwa mit Menschen in Städten, vielleicht sogar in »bösen« Fünfsternehotels. In all den Jahren, in denen ich jetzt unterwegs bin, habe ich oft genau das Gegenteil erlebt.

Meine Begegnungen mit Menschen auf dem Land sind oft unglaublich unterhaltsam. Doch wenn es darum geht, etwas über geschichtliche, politische oder kulturelle Feinheiten eines Landes zu lernen, dann haben mich Zusammentreffen im Nirgendwo niemals wirklich klüger gemacht. Das hat vor allem damit zu tun, dass wir uns nicht wirklich gut verständigen können. In den meisten Teilen der Welt sind Bauern und Hirten weniger gebildet; da draußen einen Menschen zu finden, der Englisch, Italienisch, Spanisch oder Deutsch spricht, ist nahezu unmöglich. Also verbringst du manchmal Stunden damit, ein einziges Anliegen pantomimisch darzustellen. Da gib man es schnell auf, über etwas anderes als das Wetter, Essen und Schafe zu »reden«. Darüber hinaus sind viele Hirten nur an diesen drei Themen interessiert und würden auch dann über nichts anderes sprechen, wenn Sie ihre Sprache fließend beherrschen würden.

Als Chris und ich durch Bosnien-Herzegowina gereist sind, waren wir entschlossen, mehr über den Jugoslawienkrieg mit all seinen Folgen zu erfahren. Doch nicht einmal nach einem zweiwöchigen Aufenthalt bei einer hiesigen Bauernfamilie haben wir darüber irgendetwas gelernt. Genau das aber gelang uns, als wir den Besitzer eines Restaurants in Mostar kennengelernt haben. Der sprach nicht nur Englisch, sondern hatte auch selbst im Krieg gekämpft, als UN-Dolmetscher gearbeitet und war außerordentlich daran interessiert, uns von den Zuständen und Nöten in seinem Land zu berichten. Wir haben von ihm an einem einzigen Nachmittag mehr erfahren, als wir das je durch die Lektüre unzähliger Bücher und Blogs gekonnt hätten, geschweige denn, dass es in wochenlangen Gesprächsversuchen mit der Landbevölkerung möglich gewesen wäre.

Gespräche mit Zimmermädchen oder Barmännern in Fünfsterneanlagen können ebenfalls eine wertvolle Erfahrung sein. Sie sprechen voraussichtlich nicht nur Ihre Sprache, sondern werden vermutlich auch Ihre Mentalität und Ihre Denkweise verstehen, weil sie in der Tourismusbranche arbeiten. Sie können die Dinge in einer Weise erzählen, die Sie als westlicher Ausländer nachvollziehen können. Deswegen sind das Vergnügen und die Lehren, die man auf einer Reise erfährt, nicht davon abhängig, wie oder wohin Sie reisen, sondern von Ihrem Willen, jede Chance, etwas Neues zu lernen, zu ergreifen, sobald sie sich bietet.

Es gibt allerdings eine Sache, in der die Landbevölkerung einsame Spitze ist, und zwar darin, einem den völlig falschen Weg zu weisen! Die meisten Menschen in Entwicklungsländern haben keine Ahnung von dem, was fünf Kilometer von ihrem Zuhause entfernt liegt. Sie könnten weder die Umrisse ihres Landes zeichnen noch ihren Standort auf einer Weltkarte zeigen, nicht einmal dann, wenn ihr Leben davon abhinge. Das gilt insbesondere für Afrikaner. Als Chris und ich 2009 in Äthiopien waren, haben wir einen Mann auf der Straße angehalten, um ihn nach dem Weg zu fragen. Während wir unsere Karte aufschlugen und ihm die grobe Richtung zeigten, in die wir reisen wollten, warf er einen Blick auf das Papier und sagte: »Das ist **nicht** Äthiopien!« Dann stampfte er entschlossen mit einem Fuß auf den Boden auf und sagte: »**Das** ist Äthiopien!«

Overlander sollten Einheimische möglichst nicht nach dem Weg fragen. Wenn sie es doch einmal tun müssen, sollten sie dieselbe Frage mindestens fünf verschiedenen Menschen stellen und sich dann an der Mehrheit der Antworten orientieren. Unglücklicherweise ist aber auch

die demokratische Mehrheitsantwort nicht immer zuverlässig …

Die Lehren aus dem Leben auf Reisen

Durch Reisen bekommt man einige der wichtigsten und
praktischsten Lektionen des Lebens erteilt. Diese erhält man
zwar auch dann, wenn man zu Hause bleibt, aber da auf
einen Vagabunden ein ganzer Sack unterschiedlichster Erfahrungen in kürzerer Zeit einprasselt, sind die Lehrstunden
häufig intensiver und treten geballter auf. Hier folgen nur
einige der erstaunlichsten Dinge, die einen das Langzeitreisen lehren kann.

Geduld ist eine erlernte Tugend

Ich habe viele Jahre lang geglaubt, dass es sich bei Geduld um
eine angeborene Eigenschaft handelt, die man entweder hat
oder eben nicht. Doch ich habe meine Meinung inzwischen
geändert. Heute betrachte ich Geduld als erlernte Tugend
und akzeptiere, dass alles im eigenen Tempo geschieht, ohne
dass ich die Dinge beschleunigen muss. Denn sich in etwas
hineinzusteigern und viel Aufheben um etwas zu machen,
das ich ohnehin nicht beeinflussen kann, ist sinnlos und kon-
traproduktiv. Die Einzige, die darunter leidet, bin ich.

Falls Sie sich schon aufregen, wenn einfache Banküber-
weisungen oder Visaanträge länger als erwartet dauern, dann
kann es daran liegen, dass Sie einfach noch nicht oft genug
auf etwas warten mussten. Auf Reisen werden Sie das häufig tun müssen. Tatsächlich wird das so oft passieren, dass

schon bald »Geduld ist die Tugend der Starken« zu Ihren Lieblingsmantras gehören wird.

Wiederholen Sie das unentwegt, wenn der Markthändler einfach nicht versteht, was Sie wollen, oder wenn die Botschaft genau dann ihre Türen schließt, wenn Sie eintreten wollen. Irgendwann werden Sie lernen, einfach mit den Schultern zu zucken, ein halb glaubhaftes »C'est la vie« vor sich hinzumurmeln und die nächste Kneipe anzusteuern.

Veränderung ist nicht nur eine Sache für Junge

Es gibt zahlreiche Sprichwörter wie »Was Hänschen nicht lernt, lernt Hans nimmermehr« und »Niemand kann aus seiner Haut heraus«. Trotzdem habe ich noch nie einen Langzeitreisenden getroffen, auf den das zugetroffen hätte. Sie alle fühlen sich aufgrund ihrer Erfahrungen radikal verändert, und das ist ganz unabhängig vom Alter.

Reisen kann Ihnen zeigen, wer Sie wirklich sind: Ob Sie faul sind, unorganisiert, die eigene Gesellschaft hassen oder schüchtern auftreten. Das Reisen wird diese Charakterzüge unterstreichen und Ihnen dann die Chance für Veränderungen geben. Wenn Sie nicht mögen, was Sie an sich selbst entdecken, dann gilt auch die Weisheit vom Gewohnheitstier nicht. Sie müssen sich nur aus der Gesellschaft entfernen, die Sie vom Gegenteil überzeugen will.

Spontanität und Unvorhersehbarkeit sind *gut*

Wir bekommen vermittelt, dass wir stets glücklich sein werden, wenn wir nur vorausplanen und in unsere Zukunft investieren und nichts dem Zufall überlassen. Aber das ist Blödsinn, und das wissen Sie auch. Sie können heute von einem Bus überfahren werden, morgen arbeitslos werden oder am nächsten Dienstag einen tödlichen Herzanfall bekommen. So weit, so gut.

Reisen kann Ihnen jedoch die andere Seite der Medaille zeigen. Es kann Sie lehren, dass man heute die **große Liebe** seines Lebens kennenlernen, morgen das **unglaublichste Abenteuer** aller Zeiten erleben und am Tag danach seinen **glühendsten Traum** verwirklichen kann. Das Leben ist alles, nur nicht vorhersehbar. Lediglich die negativen Aspekte zu sehen, führt jedoch dazu, dass Sie sich schlecht fühlen.

Für einen ungewissen Zeitraum ins Unbekannte aufzubrechen, um etwas zu tun, von dem Sie heute noch gar nicht wissen, dass Sie es tun werden, kann zur beglückendsten Erfahrung werden. Obwohl Reisen stressig sein kann, ist der dadurch entstehende Druck überwiegend positiver Natur. Das ist der Grund, warum ich bis heute keinen Langzeitreisenden kennengelernt habe, der sich über zunehmenden Stress beklagt hat.

Angst ist nicht Ihr Feind

Angst hat die Eigenschaft, Menschen innehalten zu lassen. Angst kann Sie davon abhalten, Risiken einzugehen, Ihr Leben zu verändern und einen Schritt in eine bessere und glücklichere Zukunft zu tun. Angst ist allerdings auch eine unglaublich nützliche Überlebenseigenschaft. Ohne sie würden wir törichte Entscheidungen mit katastrophalen Konsequenzen treffen.

Es ist sehr wichtig, dass Sie Angst niemals Ihr Leben diktieren lassen. Der Schlüssel zum Erfolg besteht darin, sich seine Instinkte zunutze zu machen, wenn es gilt, zwischen nützlicher und kontraproduktiver Angst zu unterscheiden.

Es war Angst, die mich dazu bewogen hat, mehr Geld für einen Fallschirmsprung bei einem seriösen Unternehmen auszugeben, als zu einem eher suspekten, aber billigeren Wettbewerber zu gehen. Und es ist die gleiche Furcht, die mich manchmal langsamer Motorrad fahren lässt, als ich eigentlich möchte. Ein bisschen Angst kann uns vor Gefahren schützen, zu viel aber zu einem Leben mit angezogener Handbremse führen. Die Angst vor dem Versagen lässt Menschen vom Reisen träumen, aber niemals losfahren. Andere schieben deswegen wichtige Lebensentscheidungen, ob sie zum Beispiel Kinder haben wollen oder ihren Beruf wechseln sollten, so lange auf, bis es zu spät ist. Es gibt **nichts** zu fürchten. Es kann schon sein, dass sich nicht immer **alles** zum Besten wendet, aber überwiegend doch. Der Kampf gegen die Furcht lehrt einen, die Dinge optimistischer und in einem helleren Licht zu betrachten. Ich kann Ihnen das alles hier erzählen, aber das Langzeitreisen wird es Ihnen beweisen.

Sie sind Teil von etwas Größerem

Die meisten Langzeitreisenden neigen dazu, nach einigen Jahren auf der Straße die Beziehung zur Heimat zu verlieren. Stattdessen lernen sie, ihr Land sowie das eigene Ich objektiver zu betrachten, da sie mehr erlebt und somit mehr Vergleichsmöglichkeiten haben.

Die Heimatliebe wird schnell von dem Gefühl ersetzt, ein Teil des gesamten Planeten zu sein, ohne einer bestimmten Kultur oder Glaubensrichtung anzugehören. Wir sind Weltbürger, Teil der menschlichen Rasse, und wir beobachten globale Ereignisse durch eine sehr persönliche Brille. Wir werden zu vorübergehenden Bürgern eines jeden Landes, das wir lieben, und fühlen mit jedem wunderbaren Individuum, dem wir in der Fremde begegnen.

Ich persönlich sehe die syrische Krise beispielsweise ganz anders als Leute, die niemals dort gewesen sind. Als ich die Entwicklungen des Arabischen Frühlings im Fernsehen verfolgt habe, fürchtete ich um das Leben der wundervollen Ägypter, die wir in Kairo kennengelernt hatten. Wenn ich höre, dass die Türkei noch konservativere Gesetze einführen will, dann sorge ich mich um unsere hinreißenden Freundinnen Ilke und Iris, die in Istanbul leben und sich für ihr Land einen viel liberaleren Kurs wünschen. Gleichzeitig juble ich mit Freunden, wenn die Gesetze gegen Wilderei in Botswana verschärft werden, und feiere mit anderen die Nachricht, dass Indien gerade die Kinderlähmung besiegt hat. All diese Länder sind auch mein Zuhause.

Reisen Sie einige Jahre, und Sie werden nicht nur global denken, sondern auch global *fühlen*.

Neues lernen belebt die Seele

Es wirkt ein bisschen wie ein Jungbrunnen, wenn man nicht nur etwas Neues wagt, sondern auch etwas riskiert, das ein wenig Furcht einflößend ist. Es muss ja nicht gleich so etwas Extremes wie Basejumping mit einem Wingsuit sein, wovor im Übrigen 99 Prozent der Menschen Angst haben.

Es könnte einfach eine Aktivität sein, die Ihnen ein wenig Schweiß auf die Stirn treibt. Für den einen kann das Bungee-Jumping in Queenstown sein, für den anderen Paragliding vor dem Corcovado in Rio oder auch ein Tangokurs in Buenos Aires.

Etwas auszuprobieren, von dem Sie denken, dass Sie es nicht können, und es dann nicht nur zu machen, sondern auch noch zu lieben, ist für Ihr Selbstbewusstsein so wertvoll wie zehn Jahre Therapie. Wenn die Aktivität Ihrer Wahl ein (kalkulierbares) Risiko beinhaltet, dann kann sie einen wie nichts auf der Welt **lebendig** fühlen lassen. Sie spüren das Blut durch Ihre Adern schießen, wie Ihr Herz beinahe explodiert und wie Ihr Adrenalinpegel in den Himmel steigt.

Reisen lehrt Sie etwas, für dessen Erkenntnis viele Menschen ihr ganzes Leben lang brauchen: Sie werden niemals wissen, wie gut Sie in etwas sind oder wie sehr Sie es lieben werden, bevor Sie der Sache eine Chance geben.

Sie sind anpassungsfähiger und belastbarer, als Sie glauben!

Charles Darwin hat bekanntermaßen postuliert, dass nicht der Stärkste oder Klügste überlebt, sondern der, der sich Veränderungen am besten anpassen kann. Sie, mein lieber Reisekamerad, sind ein Überlebenskünstler. Und obwohl Sie vielleicht noch nicht erkannt haben, wie anpassungsfähig Sie sind, so werden Sie es schon bald tun. Das Reisen testet Ihre Grenzen aus, Ihr Geschick und Ihre Fähigkeiten, sich nicht unterkriegen zu lassen. Das alles passiert in einer Art und Weise, die Sie sich noch nicht einmal annähernd vorstellen können. Ihre Taten werden Ihnen zeigen, wie stark Sie sein können.

Ja, Sie werden genau in so einem Land den übelsten Durchfall aller Zeiten bekommen, in dem das Toilettenpapier erst noch erfunden werden muss. Sie werden auf einer 20-stündigen Bustortur bei unvorstellbaren 50 °C leiden, auf der Sie der Einzige sind, der sich seit einem Monat gewaschen hat. Und Sie werden einen köstlichen Burger genießen, bis Sie ein paar Minuten nach dem letzten Bissen herausfinden, dass Sie gerade gegrillte Ratte gegessen haben. Doch das alles ist ohne Bedeutung. Sie **werden** überleben. Sie werden nicht würgen. Sie werden (irgendwann) die heitere Seite des Ganzen erkennen und irgendwie daran wachsen. Darwin wäre so stolz auf Sie.

Materialismus ist nicht die Quelle allen Übels

Wenn es etwas gibt, was alle Langzeitreisenden verbindet, dann ist es ihr distanziertes Verhältnis zu materiellen Dingen. Allerdings ist das eher eine praktische Konsequenz des Langzeitreisens und beruht nicht auf moralischen Bedenken.

Tatsächlich sind die meisten Langzeitreisenden sehr glücklich **und** besitzen relativ wenig. Der wahre Grund für dieses scheinbare Desinteresse an materiellen Dingen ist allerdings das ständige Reisen, das sich mit dem Anhäufen von Sachen einfach nicht gut verträgt. Wenn wir all unsere Ersparnisse in das stecken, was wir am meisten lieben, nämlich das Reisen, dann bleibt für andere Dinge einfach nicht viel übrig. Und selbst wenn wir noch etwas Geld zum Ausgeben hätten, dann

194

würde uns immer noch der Platz zum Transportieren fehlen. Die meisten von uns leben quasi aus dem Rucksack und haben kein Zuhause, wo wir irgendwelche Sachen aufbewahren können. Im Endeffekt ist das der Hauptgrund für unseren minimalistischen Lebensstil. Weil wir unsere Bewegungsfreiheit schätzen, wollen wir uns nicht an eine Kiste voller Kram binden, die wir sowieso nie brauchen oder benutzen werden. So simpel ist das.

Unsere Zufriedenheit hat **nichts** mit Geld oder Besitztümern bzw. deren Mangel zu tun. Das ganze Thema Geld ist im Großen und Ganzen dermaßen unwichtig, dass es eigentlich gar keine Erwähnung verdient. Natürlich brauchen wir Geld zum Überleben. Doch es ist total unsinnig, es zum Lebensinhalt Nummer eins zu machen oder es komplett zu verteufeln. Das führt nur dazu, die Dinge aus den Augen zu verlieren, die wirklich wichtig sind.

Das Geheimnis, warum fast alle Langzeitreisenden meistens extrem glücklich sind, besteht darin, dass sie einen Weg gefunden haben, sich ihren glühendsten Wunsch zu erfüllen. Wir haben erkannt, was wir tun wollen, und mit allen Mitteln dafür gekämpft, es zu erreichen. Was mich erfüllt, ist die Erkenntnis, dass ich das Leben führe, von dem ich immer geträumt habe, und nicht die Tatsache, dass ich nur zwei Paar Schuhe und ein zehn Jahre altes Nokia besitze. Das ist bloß bedeutungsloser Kleinkram.

Der Reisevirus ist nicht heilbar

Ich erinnere mich an ein Gespräch, dass ich 2006 mit meinem Bruder geführt habe. Wir haben einen Kaffee zusammen getrunken und über meine nächsten Aufträge als Reiseleiterin gesprochen. Ich sollte eine Woche später fliegen.

»Nun, du hast vom Reisen offensichtlich noch nicht die Nase voll. Vielleicht schafft das ja die nächste Runde«, sagte er. Zu der Zeit war ich noch seiner Meinung und dachte, dass vielleicht zwei Jahre auf Reisen meine Neugier befriedigen würden, wenn das ein Jahr noch nicht geschafft hatte. Es stellte sich heraus, dass wir beide falsch lagen.

Mein Reisestil mag sich über die Jahre verändert haben, doch meine Begierde, unterwegs zu sein, dieser berühmte Reisevirus, ist geblieben. Heute betrachte ich das Ganze als nicht verhandelbaren Teil meiner Existenz, ganz ähnlich dem Atmen oder dem ausgiebigen Genuss von Nutella. Ich kann Ihnen versichern, dass ich keine dieser Gewohnheiten in absehbarer Zeit ablegen werde.

Es gibt Menschen, die Kurzreisen lieben, und andere, die nach einem Leben auf Achse so süchtig sind wie nach einer exzellenten Droge. Für Letztere gibt es kein bekanntes Heilmittel. Wenn Sie also entdeckt haben, dass auch Sie süchtig sind – keine Panik! Auf Sie wartet eine unbeschreiblich schöne Zeit.

Der gefürchtete Reise-Burn-out: Gründe und Abhilfe

Langzeitreisende haben vielleicht keine extrem stressigen Jobs, unterliegen normalerweise keinen anstrengenden familiären Verpflichtungen und leiden auch nicht unter Ängsten, wie sie ihre Hypotheken oder Schulden je zurückzahlen sollen. Das bedeutet aber nicht, dass sie vor einem Burn-out gefeit wären. Ein Reise-Burn-out mag andere Gründe haben als ein »normaler«, die Symptome und Auswirkungen ähneln sich jedoch. Depressionen und der völlige Mangel an Energie, Neugier und Begeisterung sind typische Anzeichen, die Vagabunden zeigen, die schon da und da und dort gewesen sind, dies, jenes und welches gemacht haben … und zwar schon etwas zu lange.

Obwohl es nicht einfach ist, wenn man an einem Reise-Burn-out leidet, kann ich Sie etwas beruhigen. Denn auch die schweren Fälle haben zumeist nur **einen,** ganz bestimmten Grund, den man abstellen kann, wenn man ihn erst einmal erkannt hat. Mit zunehmender Erfahrung wird jeder Reisende gut darin, nicht nur die genaue Ursache für seine Erschöpfung auszumachen, sondern sie auch so gut wie möglich zu umgehen. Ich persönlich habe während meiner Reisen an zahlreichen Reise-Burn-outs gelitten. Dazu zählten (aber nicht nur): Reiseleiter-Wutanfälle, Schlechtes-Essen-Ekel, Schlechtwetter-Abscheu, Winterkälte-Allergie, Sich-zu-Tode-Langweilen und auch die Ich-schwöre-zu-Gott-dass-ich-schreien-werde-wenn-ich-noch-ein-einziges-Museum-sehe-Psychose. Nicht zu vergessen die Heimwehtraurigkeit, die Einsamkeitsschwermut und die Mangel-an-Komfort-Auszehrung. Und das ist noch nicht einmal die Hälfte von ihnen!

Hier sind die bekanntesten, vor denen Sie auf der Hut sein sollten, sowie ein paar Tipps, wie Sie am besten mit ihnen umgehen.

Schlechtes Wetter

Es ist mir ein bisschen peinlich, es zuzugeben, aber immer wenn wir längere Zeit schlechtes Wetter haben, neige ich dazu, jeden dääämlich zu nennen und laut herumzutönen, wie sehr ich das Reisen und alles drum herum **hasse.** Der arme Chris kriegt das dann komplett ab, besonders wenn ich ihm erzähle, dass die Motorradfahrt nach Australien das Dääämlichste ist, was wir machen können, dass Pixie ein dääämliches Motorrad ist und dass XYZ das dääämlichste Land ist, das wir je besucht haben. Ich kann diesbezüglich ziemlich ekelhaft werden, aber genauso klingt ein Schlecht-wetter-Burn-out. Um diesen Burn-out zu überwinden, brauche ich normalerweise nur drei gemütliche Tage in einer trockenen, warmen Unterkunft. Wenn dann die Sonne wieder scheint, bin ich wie ein neuer Mensch, voll Enthusiasmus und energiegeladen. Glücklicherweise haben weder Chris noch Pixie die Angewohnheit, nachtragend zu sein. Puh!

Einsamkeit

Die einsamen Wanderer, die ich auf meinen Reisen getroffen habe, haben alle eingeräumt, dass die meisten ihrer Reise-Burn-outs durchs Alleinsein verursacht werden. Manche tun sich deswegen für eine Weile mit anderen Reisenden zusammen, um die Gesellschaft und manchmal auch Nähe anderer Menschen zu genießen. Schlussendlich sind wir alle Herdentiere. Unser angeborenes Bedürfnis nach Gesellschaft sollte niemals vernachlässigt werden. Es ist großartig zu wissen, dass da draußen jede Menge Alleinreisende unterwegs sind, die auch nach Reisekameraden Ausschau halten.

Ein knappes Budget

Im Allgemeinen reise ich unbeschwerter durch Asien oder Lateinamerika als durch das teure Europa, wo ich zahlreiche Abstriche beim Komfort machen muss. Es war oft stressig und nicht sonderlich von Erfolg gekrönt, unser Budget nicht zu überschreiten. So sehr ich unseren minimalistischen Reisestil liebe, so sehr kann es einen nach einigen Monaten belasten, auf alle Annehmlichkeiten verzichten zu müssen. Wenn man dann in ein günstigeres Land kommt, fühlt sich das wie ein Upgrade von der Economy Class in die Business Class an und macht die Reise sofort wieder viel angenehmer.

Zusammenprall der Kulturen

Dieses Problem muss ich etwas genauer erklären. Wenn Sie sich in einem Land oder inmitten einer Kultur wiederfinden, die Sie nur aufreibt, dann bleibt Ihnen nichts anderes übrig, als weiterzuziehen! Es lohnt sich, Ihrem Gastland eine zweite Chance zu geben; aber wenn sich die Situation nach ein paar Tagen oder Wochen nicht grundlegend geändert hat, dann sollten Sie verschwinden. Es ist unrealistisch, zu erwarten, dass man sich in jedes Land, das man besucht, unsterblich verliebt. Hier ist ein ganz typisches Beispiel für das, was ich meine:

Chris und ich hatten drei Monate in Äthiopien verbracht und waren auf dem Weg in den Sudan, als ein Felsbrocken durch das offene Autofenster flog und mein Gesicht nur knapp verfehlte. Als Chris eine Vollbremsung machte, kurz nachsah, ob es mir gut ging, und sich dann aus Matilda herauskatapultierte, um den Steinewerfer zu suchen, sah ich sein Gesicht dermaßen dunkelrot anlaufen wie noch nie zuvor. Aber er hatte keinesfalls einen Anfall von Reise-Burn-out, sondern einfach nur einen schweren Äthiopien-Wutanfall! Nach all den Wochen, in denen wir mit Steinen beworfen worden waren, reichte es uns einfach.

Innerhalb von zwei Stunden hatten wir das Land verlassen und stießen Seufzer der Erleichterung aus. Mit abgekühltem Kopf und wiederhergestellter Reiselust war uns klar, dass wir nicht unsere Reise satt hatten, sondern einfach nur genug von Äthiopien.

Auch wenn es vorkommt, dass man manchmal gegenüber einem Einheimischen aggressiv wird, weil man »überreist« und erschöpft ist, so sollte man doch die Möglichkeit nicht ganz außer Acht lassen, dass dieser Einheimische schlicht und ergreifend ein Arsch ist.

…

Nachdem Sie nun wissen, was ein Reise-Burn-out ist und welche Gründe dieser haben kann, bleibt die Frage, wie Sie selbst feststellen können, ob Sie daran leiden, und was Sie im Fall der Fälle dagegen tun können.

Anzeichen und Heilmittel

Stellen Sie sich das einmal vor: Sie befinden sich an dem Ort der Welt, von dem Sie schon immer am meisten geträumt haben, vielleicht am Fuße des Kilimandscharo, unterhalb der Pyramiden von Gizeh oder an den Iguazú-Wasserfällen. Sie haben Monate, vielleicht Jahre dafür gearbeitet, hierherzukommen, und dennoch fehlt Ihnen nun etwas ganz entsetzlich. Seltsamerweise will sich die erwartete überbordende Begeisterung einfach nicht einstellen. Sie schauen sich um und beobachten die zahlreichen anderen Menschen dabei, wie sie diese unglaubliche Sehenswürdigkeit ehrfürchtig bestaunen, doch alles, was Sie sich gerade wünschen, ist die Rückkehr in Ihr Hostel, um sich dort im Zimmer einzuschließen, sich mit einem gigantischen Schokoladeneisbecher zu trösten und sich auf Ihrem Laptop drei Tage lang sämtliche Folgen von *Sex and the City* anzugucken.

Es tut mir leid, dass ich das sagen muss, mein lieber Nomadenkollege, aber wenn Sie sich so fühlen, dann leiden Sie tatsächlich unter einer schweren Form von Reise-Burn-out! Glücklicherweise ist die Heilung gar nicht so schwierig und kann leicht selbst bewerkstelligt werden. Am schwierigsten ist es zunächst, die Diagnose zu stellen und diese dann zu akzeptieren. Ich persönlich begrüße hin und wieder leichte Anflüge von Reise-Burn-out, weil sie einer wesentlich schwereren Krankheit vorbeugen: der Ich-muss-mit-dem-Reisen-aufhören-Pest. Ähnlich wie minderschwere Herzattacken sollten auch Burn-outs als Warnsignale verstanden werden. Sie signalisieren, dass Sie irgendwie irgendetwas falsch machen.

Doch im Gegensatz zum üblichen Umgang mit Beschwerden sollten Sie in diesem Fall nicht versuchen, das einfach nur mit viel Energie durchzustehen und zu hoffen, dass alles wieder gut wird. Hier sind umfangreichere Maßnahmen erforderlich!

Symptom eins: Sie finden alles nur noch zum Kotzen
Ein Übermaß an Übellaunigkeit, Nörgelei und Zorn sind ein sicheres Signal für einen Burn-out.

Wenn Ihr letzter Blog-Eintrag und die fünf davor so klingen wie das Gemotze eines wütenden Verrückten, dann könnte es Zeit für eine Pause sein, in der Sie Ihren emotionalen Zustand überprüfen. Können Sie einfach nicht mehr anders, als sich über alles zu beschweren? Empfinden Sie alle Einheimischen als unfreundlich, das Essen als ungenießbar und das Land, in dem Sie sich gerade aufhalten, als das hässlichste, das Sie je gesehen haben? Dann könnte das der richtige Moment sein, sich zu fragen: »Und was, wenn es an mir liegt?«

Heilmittel: Versuchen Sie, Ihr Tempo zu drosseln, und atmen Sie tief durch. Sie müssen nicht jede Sehenswürdigkeit abklappern, nicht jedes Museum besuchen und alles mitnehmen, was sich Ihnen bietet. Es hilft bei der Stressbewältigung, sich mehr Zeit zu nehmen. Ruhe wird Sie davor bewahren, die Dinge einfach nur dumpf zur Kenntnis zu nehmen und sie in ein paar Minuten abzuhaken.

Symptom zwei: Sie wirken im Verlauf der Zeit immer mürrischer

Natürlich haben wir alle einmal schlechte Tage, doch wenn Sie feststellen, dass aus ein, zwei Tagen inzwischen fünf oder sieben Wochen geworden sind, dann sollten Sie die Tatsache akzeptieren, dass Sie mitten in einer Reisekrise stecken.

Wenn Sie schon eine ganze Weile mürrisch durch die Gegend laufen und sich kaum noch an das letzte befreiende Lachen erinnern können, dann besteht Anlass zur Sorge. Obwohl ich die Erste bin, die einräumt, dass man auf Reisen nicht durchweg auf Rosen gebettet ist, mache ich mir doch Gedanken, wenn ich länger als zwei Tage hintereinander mit dem falschen Fuß aus dem Schlafsack aufstehe.

Heilmittel: Machen Sie etwas, von dem Sie sicher wissen, dass es Ihnen gute Laune bereitet und einen wunderbaren Tag beschert. Streichen Sie Arbeit, Sightseeing und alles andere vom Programm, und schauen Sie sich nach einer Betätigung um, die Ihrem Herzen Flügel verleiht. Ob das nun ein Ausritt, ein Fallschirmsprung oder eine lange Wanderung ist, sich seiner Lieblingsbeschäftigung zu widmen, ist immer ein guter Weg, die Seele wieder aufleben zu lassen. Bei Bedarf setzen Sie diese Behandlung über mehrere Tage fort. So können Sie Ihre Batterien wieder aufladen und den Kopf frei bekommen. Wer weiß? Vielleicht kehrt dieses herrlich strahlende Lächeln dann einfach in Ihr Gesicht zurück!

Symptom drei: Sie möchten der 90-jährigen Gemüsehändlerin ins Gesicht schlagen

Aggression ist ein sehr starkes Anzeichen dafür, dass die Zeit für eine kleine Reiseauszeit gekommen ist.

Wenn Sie sich dabei ertappen, dass Sie wegen jeder Kleinigkeit einen Streit vom Zaun brechen wollen, dann sollten Sie dringend handeln. Im Gegensatz zu den bislang erwähnten Symptomen, die nur **Sie** mürrisch machen, können Aggression und mangelnder Respekt Ihr gesamtes Umfeld in Mitleidenschaft ziehen und Sie in Teufels Küche bringen. Das gilt besonders dann, wenn das 90 Jahre alte Großmütterchen zufällig gerade an einer Art Gemüse-Verkaufs-Burn-out leidet.

Heilmittel: Bleiben Sie ruhig, gelassen und gefasst, wenn Sie merken, dass Ihr Blutdruck steigt. Ziehen Sie sich umgehend an einen sicheren, einsamen Ort zurück, um dort die Dinge in Ruhe zu durchdenken. Sie sind gerade nicht salonfähig! Als Nächstes wenden Sie sich an Reisekollegen (das funktioniert auch online über Foren), um über Ihre Frustration zu sprechen. Sich Luft zu machen ist ein sehr wirksames Gegenmittel. Verständnisvolle und erfahrene Freunde können wie ein Licht am Ende des dunklen Tunnels sein, in den Sie sich verirrt haben.

Weil Aggression nur eine Anhäufung negativer Energie ist, kann es sehr hilfreich sein, sich körperlich auszupowern. Gehen Sie zwölf Stunden laufen, finden Sie ein Fitnesscenter, und stemmen Sie dort drei Tage lang Gewichte, oder binden Sie Ihren Rucksack im Schlafsaal an die Decke und boxen so lange darauf ein, bis Sie sich besser fühlen. Ich habe tatsächlich Vagabunden gesehen, die genau das gemacht haben und denen es anschließend scheinbar wesentlich besser ging.

Und, ganz wichtig, bitten Sie jemand anderen, das Gemüse einzukaufen, bis Sie sich wieder in der Öffentlichkeit blicken lassen können.

Symptom vier: Der Gedanke an die Weiterreise treibt Ihnen Tränen in die Augen

Reisen ist ein Synonym für die Erkundung neuer Orte. Doch wenn Sie bei dieser Vorstellung vor Kummer weinen müssen, dann könnten Sie an einem Reisezusammenbruch und Reise-Burn-out leiden.

Heilmittel: Es ist an der Zeit, die **jetzige** Umgebung besser kennenzulernen, bevor Sie weiterziehen. Mieten Sie sich am besten ein Apartment, und meiden Sie all die Hostels und Campingplätze. Für ein paar Wochen einen eigenen Schlüssel, eine eigene Küche, ein eigenes Badezimmer und ein gemütliches Bett zu haben, könnte der Balsam sein, den Sie jetzt brauchen. Machen Sie das regelmäßig. Sie werden feststellen, dass das eine großartige Impfung gegen diese Burn-out-Variante ist. Manchmal kann man sich erst dann für einen neuen Ort begeistern, wenn der alte schon etwas langweilig geworden ist.

Symptom fünf: Sie sind zum Herbergs-Alien mutiert

Wenn sich alle im Hostel eine gemeinsam gekochte Mahlzeit und ein paar Flaschen Wein teilen, Sie aber Ihren Schlafsack als Tarnmantel nutzen, dann ist es an der Zeit, wieder am Gesellschaftsleben teilzunehmen.

Sie müssen nicht zu jeder Zeit ein Unterhaltungskünstler sein, doch wenn Sie sich selbst dabei erwischen, wie Sie zu extremen Maßnahmen greifen, um Menschen (Einheimische wie Fremde) zu meiden, dann könnten Sie sich mit dem Ich-habe-es-so-satt-neue-Leute-kennenzulernen-Virus infiziert haben.

Ungeselliges Verhalten ist der beste Weg, Ihre Reiselust zu ersticken!

Heilmittel: Es kann sehr schwierig sein, die richtige Balance zwischen Zeiten nur mit sich selbst und der dringend erforderlichen menschlichen Interaktion zu finden. Das Alleinsein ist wie der Konsum von Rotwein: Ein wenig davon ist gut für die Gesundheit, doch zu viel davon kann Sie völlig antriebslos werden lassen. Es ist außerordentlich schwer, sich selbst dazu zu motivieren, mit anderen in Kontakt zu treten, wenn man sich gerade nur noch verkriechen möchte. Um den richtigen Dreh zu finden, müssen Sie vielleicht einige der zuvor genannten Heilmittel auf einmal anwenden.

Überlegen Sie, womit Sie sich selbst wieder aus dem Loch holen und eine Freude machen können: Sind Sie Läufer, dann joggen Sie ausgiebig; sind Sie Kletterer, dann suchen Sie sich die nächste Wand, und wenn Sie schon mal darüber nachgedacht haben, einen Verwöhntag im Spa zu buchen, dann wäre wohl jetzt der richtige Zeitpunkt dafür. Das alles sind vielleicht keine sozialen Aktivitäten, doch sie werden Ihr Herz erfreuen, und **das** wird Sie auch wieder umgänglicher machen.

…

Wenn Sie bereits jedes Rezept der Welt ausprobiert haben und sich immer noch mies fühlen, dann ziehen Sie in Betracht, einmal absolut nichts zu tun. Damit meine ich nicht, dass Sie Ihr Unglücklichsein ignorieren sollen. Ich meine, dass Sie buchstäblich einige Tage damit verbringen sollten, absolut nichts zu tun. Wie der berühmte chinesische Schriftsteller Lin Yutang einmal scherzte: »Wenn Sie einen absolut sinnlosen Nachmittag auf absolut sinnlose Weise verbringen können, dann haben Sie gelernt zu leben.« Sich für eine Weile allem und allen zu entziehen und dann nur etwas aus reiner Freude daran zu tun, kann Ihre Gedanken entwirren und dabei helfen, die richtige Balance wiederzufinden. Wenn das für Lin Yutang funktioniert hat … dann doch wohl auch für uns.

Wissen, wann es genug ist

Wenn Sie schon eine ganze Weile nicht mehr richtig glücklich unterwegs sind, dann sollten Sie darüber nachdenken, ob Sie vielleicht am Ende Ihres Lebensabschnitts als Vagabund angekommen sind.

Früher oder später mag die Zeit kommen, in der ein Reisender bemerkt, was er nie für möglich gehalten hätte, nämlich dass er einen Strich unter das Reisekapitel ziehen möchte. Das ist grundsätzlich eine Überraschung, denn kein Vagabund kann sich zu Beginn der Reise vorstellen, dass er das Herumziehen irgendwann einmal satt haben wird. Einige trifft diese Erkenntnis wie ein Blitz, aber bei der großen Mehrheit ist es ein längerer Prozess, der sie zu der Einsicht führt, dass eine Fortsetzung der Reise sie nur noch schrecklich unglücklich machen würde. Es ist egal, welche Gründe den Anfang vom Ende einläuten (ob nun Liebe, Erschöpfung, ein Jobangebot oder einfach mangelndes Interesse an der Fortsetzung der Reise), es kann sehr anstrengend werden, diesen bedeutsamen Lebensabschnitt zu beenden.

Normalerweise leiden abgekämpfte Vagabunden unter Schlaflosigkeit, Selbstzweifeln und jeder Menge widerstreitender Gefühle. Das ist völlig normal und unterscheidet sich nicht stark davon, wie sich viele gefühlt haben, bevor sie zu ihrer großen Reise aufgebrochen sind. Denn genauso schwierig, wie es gewesen ist, ein Vagabundenleben zu beginnen, so schwer kann es nun werden, sich noch einmal umzustellen und ein sesshafteres Leben aufzunehmen.

Langzeitnomaden sollten darauf achten, nicht mitten in einer wie auch immer gearteten schweren Krise zu stecken, wenn sie ernsthaft darüber nachdenken, ihre Reise zu beenden. Denn es ist nie gut, wichtige Lebensentscheidungen zu treffen, wenn man müde, krank, hungrig oder ängstlich ist.

Obwohl es fürs Aufhören so viele Gründe wie Sand am Meer gibt, scheinen es vor allem drei zu sein, die die meisten

Vagabunden zum Beenden ihre Reise bewegen: chronisches Heimweh, Liebe und der Wunsch nach Kindern.

Chronisches Heimweh

Heimweh tritt bei vielen Reisenden auf. Und obwohl man einen kurzen Anfall gut überstehen kann, mag chronisches Heimweh bei einigen Vagabunden durchaus der Grund gewesen sein, warum sie ihre Reise beendet haben. Skype-Verabredungen mit der Familie können eine Zeit lang helfen, abgesehen vom Heimflug gibt es jedoch nichts, was die räumliche Distanz zwischen Ihnen und der Heimat verkürzen kann. Diejenigen, die es sich leisten können, sollten daher ernsthaft »regelmäßige« Flüge nach Hause in Betracht ziehen. Ein zweiwöchiger Heimaturlaub kann Sie auf wunderbare Weise wieder mit sich und Ihrer Reise in Einklang bringen. Wenn Ihr größtes Verlangen aber darin besteht, wieder **regelmäßig** Zeit mit Ihrer Familie und Ihren Freunden zu verbringen, dann haben Sie ein ernsthaftes Problem. Ich habe eine ganze Reihe von Menschen getroffen, die das Langzeitreisen aufgegeben haben, weil sie nach ein paar Jahren die Nähe zu ihren Liebsten zu sehr vermisst haben.

Liebe

Langzeitreisende werden bestätigen, dass sie sich immer wieder und in alarmierend häufiger Weise verlieben. Meistens handelt es sich dabei um flüchtige Affären. Und in der Regel werden diese, auch wenn sie von Bedeutung sind, keine Konsequenzen für Ihre Reise haben. Manche werden sich jedoch dermaßen heftig verlieben, dass sie ihre Reisepläne ändern. Das passiert besonders dann, wenn das Objekt der Begierde ebenfalls ein Vagabund ist. Das war bei Chris und mir der Fall. Doch was tun, wenn Ihre Angebetete keine Langzeitreisende ist? Wenn das der Fall ist, dann könnten Sie einer der Nomaden sein, der seine Reise aus Liebe beendet.

In vielen Fällen wird das Verlangen, sich eine gemeinsame Zukunft aufzubauen, der Auslöser für eine grundlegende Veränderung des Lebens sein. Das gilt besonders dann, wenn der folgende Wunsch hinzukommt.

Der Kinderwunsch

Dies ist vermutlich der folgenschwerste Grund für die Beendigung der Reise. Es ist eine Alles-oder-nichts-Entscheidung, da man nicht nur ein »bisschen schwanger« oder nur sechs Monate im Jahr Eltern sein kann. Ich bezweifle auch, dass sich der Fortpflanzungstrieb auf Dauer befriedigen lässt, indem man sich gelegentlich für eine Woche ein Kind von freundlichen Einheimischen »ausleiht«.

In so einem Fall ist die Phase, wenn der Kinderwunsch gerade erst erwacht ist, die Entscheidung, ob man die Reise beenden soll, aber noch nicht gefällt wurde, erfahrungsgemäß am stressigsten. Hat man sich dann erst einmal entschieden, dann lösen sich die meisten Sorgen in Luft auf. Dann erleichtern einem Aufregung und Vorfreude auf das neue Abenteuer zumeist auch die Rückkehr in ein sesshafteres Leben.

…

Die meisten ehemaligen Nomaden werden mir zustimmen: Fällt man unter eine der eben genannten Kategorien, dann kann man sich glücklich schätzen. Man hat einen konkreten Grund, die Reise zu beenden, und wahrscheinlich auch eine genaue Vorstellung vom zukünftigen Leben. Für alle anderen mag der Schnitt leider aber nicht so klar sein. Wenn Sie den Grund für Ihre Unzufriedenheit nicht ausmachen können, dann sind hier noch ein paar Dinge, die Sie bedenken sollten.

Ignorieren Sie die Anzeichen nicht

Es gibt ein paar übliche Anzeichen, die schon vielen Langzeitreisenden als Hinweis dafür gedient haben, dass sie heimkehren sollten. Obwohl einige sehr speziell sind, lassen sie sich doch alle auf den gleichen Nenner bringen: **Sie sollten das Reisen beenden, wenn Ihr Herz nicht länger daran hängt, sondern für etwas anderes schlägt.** Oder – und daran glaube ich – aufhören, **wenn es nicht mehr überwiegend Spaß macht.**

Wenn Sie plötzlich entdecken, dass in Ihrem Leben die Glücksmomente eher selten werden, wenn Sie neue Orte, Kulturen und Länder nicht mehr genießen oder Sie nur noch um Ihr leibliches Wohl besorgt sind, dann ist es vielleicht an der Zeit, Schluss zu machen. Niemand außer Ihnen selbst kann entscheiden, ob es sich in Ihrem Fall um einen permanenten oder eher zeitweiligen Zustand handelt. Doch alle werden sich darin einig sein: **Die Reise über einen längeren Zeitraum unglücklich, desinteressiert und lustlos fortzusetzen, ist kein Leben für einen Vagabunden.** Tun Sie sich selbst einen Gefallen, und legen Sie eine Pause ein. Wenn sich Ihr alter Reisegeist nach einer Weile dann erneut einstellt, ist das prima. Tut er es aber nicht, dann gibt es jede Menge andere spannende Möglichkeiten, über die Sie nachdenken können.

Sie sind nicht mehr glücklich beim Reisen? Dann ändern Sie etwas! Denken Sie **Sie sind auf Reisen gegangen, um glücklich zu sein.** unbedingt lange und gründlich nach, bevor Sie eine folgenschwere Entscheidung treffen. Es gibt jedoch keinen Grund, dabei in Panik zu verfallen. Wissen Sie noch? Am Anfang des Buchs habe ich Ihnen geraten, sich nicht so viele Gedanken darüber zu machen, ob Sie nun für unbegrenzte Zeit reisen wollen oder nicht. Denn schließlich, so meine Begründung, können Sie ja jederzeit heimfahren. Dieser Gedanke gilt auch andersherum. Sollten Sie sich dabei erwischen, dass Sie sich nach sechs Monaten sesshaften Lebens selbst in den Hintern treten, dann wird Sie nichts davon abhalten können, Ihr Leben erneut zu ändern und wieder auf Reisen zu gehen. Wenn Ihnen das schon einmal gelungen ist, dann können Sie es bei Bedarf auch ein zweites Mal tun.

Was auf Sie zukommen kann, wenn Sie Ihre Reise beenden, und was Sie bedenken sollten

Ich kann durchaus nachvollziehen, wie verzagt und ängstlich sich ein Vagabund fühlen muss, der sich dazu entschlossen hat, seine Reise zu beenden und sein Leben noch einmal grundlegend zu ändern. Nachfolgend finden Sie daher einige Gedanken, die Ihnen beim Übergang helfen können und die Sie im Hinterkopf behalten sollten.

Beenden bedeutet keinesfalls aufhören

Wenn ich vom Beenden der Reise spreche, dann meine ich damit das ununterbrochene Langzeitreisen. Sie werden das Reisen vermutlich niemals ganz aufgeben. Lassen Sie sich also nicht von der Semantik in die Irre führen.

Unsere Heimat ist da, wo unsere Liebe ist

Wenn ein Vagabund das Ende seiner Reise erreicht, erkennt er möglicherweise auch, dass ihm sein Heimatland als dauerhafter Wohnsitz nicht mehr gefällt. Das passiert öfter, als Sie denken. Zu diesem Zeitpunkt weiß der erfahrene Reisende aber längst, dass ihm die Welt zu Füßen liegt. Viele haben sich daher in einem Land niedergelassen, in dem sie nicht aufgewachsen sind. Dabei haben sie sich die zahlreichen Kontakte und Freundschaften zunutze gemacht, die während ihrer Reisezeit entstanden sind. Von der Übernahme des Managements eines Hostels oder eines Campingplatzes bis hin zur Arbeit als Tauchlehrer, Reitlehrer oder sogar Reiseleiter ist alles möglich, sodass das zukünftige Leben eines cleveren Nomaden überaus rosig sein kann.

Nach dem Reisen wieder sesshaft zu werden ist NICHT das Gleiche, wie niemals abzureisen

Viele Nomaden haben Angst davor, dass sie sich nach dem Ende ihrer Reise so eingeengt, gelangweilt und frustriert fühlen wie vor dem Losreisen. Ich kann es daher nicht deutlich genug sagen: **Sie** werden nicht mehr die gleiche Person wie damals bei Ihrer Abreise sein! Deswegen wird **Ihr sesshaftes**

212

Leben niemals dem Leben ähneln, das Sie vor vielen Jahren beendet haben. Fürchten Sie sich also nicht vor diesem Prozess, sondern genießen Sie ihn, und gestalten Sie ihn so, dass Ihnen alles daran aus ganzer Seele gefällt.

Die Kirschen in Nachbars Garten schmecken immer süßer

Sich nach etwas zu sehnen, das man nicht hat, ist typisch menschlich und nichts, wovor selbst ein erfahrener Nomade gefeit ist. Wenn Sie mich an einem schlechten Reisetag fragen, dann würde ich Ihnen sagen, dass alles, was ich mir wünsche, ein hübsches Zuhause, ein gemütliches Sofa, ein riesiger Plasmafernseher und eine mit leckerem Eis vollgestopfte Kühltruhe ist. Das sind die Dinge, die meine Freunde zu Hause haben und von denen ich fantasiere, wenn das Leben mal wieder zäh und schwierig wird. In der Zwischenzeit stopfen sich meine Freunde mit Eis voll, geraten beim Anblick meiner Reisebilder auf Facebook ins Schwärmen und wünschen sich heimlich, alles stehen und liegen lassen zu können, um auf Reisen zu gehen. Manchmal möchten wir alle das, was wir gerade **nicht** haben können. Es mag sein, dass Sie sich nach den Jahren unterwegs Kontinuität wünschen. Doch besteht auch die Chance, dass Sie nach einer Weile Sesshaftigkeit wieder vom Reisen träumen werden. Sogar die, die sich zutiefst nach Regelmäßigkeit sehnen, werden manchmal die Unvorhersehbarkeit des Lebens auf Reisen vermissen. So sind wir einfach gestrickt. Was mich zu einem weiteren Vorteil bringt, den das Sesshaftwerden nach einer Langzeitreise beinhaltet.

Das Beenden kann die Reiselust neu entfachen

Ist es nicht paradox, dass viele Langzeitreisende genau dieses Phänomen erlebt haben? Die meisten haben eingeräumt, dass sie in den letzten paar Monaten (oder Jahren!) ihrer Tour etwas träge geworden waren, weil sie ihren Unternehmungsgeist verloren hatten. Während ein Reisenovize sich noch bewusst dazu anhalten muss, die Dinge langsam anzugehen, hat der abgekämpfte Nomade Schwierigkeiten, sich weiter zu motivieren, einfach von Ort zu Ort zu ziehen. Für manche hatte das Entdecken neuer Orte und Kulturen schon vor langer Zeit jeden Reiz verloren. Doch wenn sie sich für eine Weile niedergelassen hatten, dann weckte die Planung kurzer Reisen erneut ihre Neugier und ließ den Adrenalinspiegel so ansteigen, wie sie es vom Auftakt ihrer Reise kannten.

Konzentrieren Sie sich auf das Gute

Niemand wird Ihnen jemals vormachen können, dass die Rückkehr in ein sesshaftes Leben einfach werden wird. Es spielt keine Rolle, wo und wann Sie Ihre Reise beenden: Allein die Vorstellung, dass nun nicht mehr an jeder Wegbiegung ein neues Abenteuer auf Sie wartet, wird Sie zunächst traurig machen. Wenn Sie sich allerdings auf die schönen Seiten Ihres neuen Lebens konzentrieren, dann wird es leichter. Vom Kühlschrank bis zum echten Kopfkissen, von der bequemen Matratze bis hin zu all den Genüssen, in denen Sie nun wieder in Ihren eigenen vier Wänden schwelgen können. Ganz zu schweigen von den Freundschaften, die Sie nun wieder richtig pflegen können, und dem Gefühl der Sicherheit und Vertrautheit, das Sie schließlich genießen werden.

Betrachten Sie Ihre Zukunft als neues Abenteuer

Das gilt besonders für Menschen, die ihre Reise aus Liebe beenden und eine Familie gründen wollen, kann aber auch für diejenigen sehr hilfreich sein, die sich zur Rückkehr entschließen, weil sie sich einfach »sattgereist« haben. Sie haben endlich die Chance, sich all den anderen Leidenschaften zu widmen, die Sie in den vergangenen Jahren entwickelt haben. Sie können natürlich auch versuchen, in Ihrem alten Beruf wieder durchzustarten, oder herausfinden, welche neuen beruflichen Perspektiven sich Ihnen nun bieten.

Lernen Sie, mit Enttäuschungen zu leben

Egal wie sehr Ihre alten Freunde das Stöbern in Ihren Facebook-Alben genossen haben: Gehen Sie lieber nicht davon aus, dass sie deswegen auch an jedem Detail Ihrer Reise interessiert sein werden. Tatsächlich löst dieses begrenzte Interesse (nach den ersten zehn Minuten oder so ist Schluss) oft eine große Leere in Exnomaden aus. Seien Sie darauf vorbereitet. Denken Sie daher auch daran, Ihr Netzwerk und die neuen Freundschaften mit anderen Reiseliebhabern zu pflegen. Das sollte auf Ihrer Prioritätenliste ganz weit oben stehen. Die meisten Exreisenden haben bestätigt, dass es die neuen Freundschaften mit Gleichgesinnten waren, die ihnen die erste Phase des Niederlassens erleichtert haben. Diese und offensichtlich ziemlich viel Alkohol …

Halten Sie Ihre Reiselust wach

Egal wie reisemüde Sie am Ende gewesen sein mögen: Nach einer Weile der Sesshaftigkeit werden Ihre Neugier und Abenteuerlust wieder voll entflammen. Denn es gab ja schließlich einen sehr guten Grund, warum Sie einst ausgezogen sind, um die Welt zu entdecken. Den Vagabunden muss ich erst noch kennenlernen, der glaubt, dass seine Nomadenseele für immer Ruhe geben wird.

Schmieden Sie daher Pläne, um Ihren Hunger nach neuen Erlebnissen nach wie vor zu stillen. Es ist sinnvoll, sich nicht gerade in einem Teil der Welt niederzulassen, der in Sachen Ausflüge, Aktivitäten und vor allem Naturwunder wenig bis gar nichts zu bieten hat. Planen Sie regelmäßige Wochenendcampingausflüge ein, an denen Sie all das machen, woran Ihr Herz hängt. Vergessen Sie nicht, dass all die positiven Aspekte des Reisens, beispielsweise die Abwechslung, nicht von der Länge einer Reise abhängen.

Wählen Sie einen Job, den Sie lieben

Das wird der Dreh- und Angelpunkt Ihrer Eingewöhnungsphase sein, daran besteht kein Zweifel. Denn Sie haben Jahre damit verbracht zu tun, was Sie lieben, und werden auch jetzt erst glücklich sein, wenn Sie so weitermachen. Kommen Sie schon, Sie wissen, wie man mit nur ein paar Cent klarkommt! Wählen Sie daher lieber das kleinere Gehalt für die größere Zufriedenheit, und entscheiden Sie sich in jedem Fall für eine Beschäftigung, die Ihnen höchstmögliche Eigenständigkeit gewährt. Sie waren über Jahre Ihr eigener Boss und werden vielleicht Schwierigkeiten damit haben, Anweisungen von anderen anzunehmen. Die meisten Nomaden werden Sie übrigens darin bestärken, die Lücke in Ihrem Lebenslauf als brillanten Test für Ihren zukünftigen Arbeitgeber anzusehen. Wenn jemand einfach nicht begreifen kann, warum man unbedingt jahrelang die Welt bereisen möchte, dann arbeiten Sie besser für einen anderen.

Halten Sie Ihre Frustration unter Kontrolle

Nach einer Weile könnten Sie extrem hibbelig werden, wenn Sie feststellen, dass die meisten sesshaften Menschen nur das über die Welt und wie sie tickt wissen, was sie in den Nachrichten erfahren. Sie möchten dann vielleicht aufspringen und schreien und ihnen den Kopf zurechtrücken, aber wenn Sie das tun, dann werden Sie sehr schnell sehr einsam sein. Vergessen Sie nicht, dass Sie derjenige sind, der sich zu einem gewissen Grad anpassen muss. Nutzen Sie Ihre Sicht der Dinge und Ihre Erfahrungen, um Ihrem Umfeld alternative Sichtweisen nahezubringen, aber werden Sie dabei nicht penetrant.

Genießen Sie Ihre Reise, auch lange nach Ihrer Rückkehr

Ich habe noch nie einen Langzeitreisenden getroffen, der sich nach einer langen Reiseperiode niedergelassen und seine ursprüngliche Entscheidung, die Welt zu entdecken, bereut hat. Alle mir bekannten Exvagabunden sehen ihre Reise als die unglaublichste und einzigartigste Erfahrung ihres Lebens an. Sie lieben ihre Reise und alles, was sie dabei gelernt haben, und ergreifen jede Chance, zum »Botschafter«

des Nomadentums zu werden … und das auch noch lange, nachdem sie ihre alten, ausgelatschten Stiefel an den Nagel gehängt haben.

Der größte Wunsch vieler ehemaliger Reisender ist, andere zum Reisen zu inspirieren, damit auch diese die Chance haben, all das Gute und Schöne zu erleben, das das Leben der Vagabunden so bereichert hat. Sehen sie dafür eine Chance, dann verfolgen sie diese zielstrebig. Das ist auch der Grund, warum viele in der Tourismusbranche oder zumindest in verwandten Bereichen arbeiten. Die unglaubliche Wertschätzung und Dankbarkeit für das, was sie erreicht und erlebt haben, ist wie ein Abschiedsgeschenk, das ihnen die Reise mit auf den Weg gibt.

Da draußen gibt es eine große Gemeinde Gleichgesinnter, einstige Nomaden, die Ihnen dabei helfen können, sich wieder einzugewöhnen und die unzähligen Fähigkeiten zu nutzen, die Sie beim Herumziehen um die Welt erworben haben. Sie werden Ihnen mit Rat und Tat zur Seite stehen. Sie werden Ihnen die Hand reichen, zuhören und alles tun, um Ihnen das Leben zu erleichtern. Warum? Weil Langzeitreisende eben so sind. Weil das Entdecken der Welt ein Zusammengehörigkeitsgefühl erzeugt, auch wenn jeder seine eigene Meinung und seinen eigenen Reisestil hat. Sie haben Ihnen bei Reifenpannen geholfen, sie haben Ihnen Geld geliehen, sie haben Sie gepflegt, als Sie krank waren, und Ihnen einige der schönsten Momente Ihrer Reise beschert. Sie haben unzählige Male an einem Lagerfeuer ihren Proviant und ihre Träume mit Ihnen geteilt. Warum, glauben Sie, werden sie nun nicht damit aufhören?

Ganz einfach: einmal Vagabund, *immer* Vagabund!

Mein aufrichtigster Wunsch für Sie ist, dass Sie sich ihnen anschließen, wenn der richtige Zeitpunkt dafür gekommen ist.

Wir treffen uns dort.

EPILOG

Sie können jeden erfahrenen Reisenden nach der wichtigsten Eigenschaft fragen, die man für eine Langzeitreise mitbringen muss. Vermutlich werden alle etwa gleich antworten und die »Fähigkeit, die eigene Gesellschaft zu genießen« hervorheben. Ja, es mag da draußen sieben Milliarden von uns geben, aber die kennen Sie nicht alle persönlich. Wenn Sie also zur Entdeckung der Welt aufbrechen, dann werden Sie voraussichtlich wahnsinnig viel Zeit mit sich selbst verbringen. Ich hoffe aufrichtig, dass Sie sich selbst sehr gut leiden können.

Die meisten sesshaften Menschen können nur ansatzweise erahnen, wie es sich anfühlt, nicht nur allein, sondern total anonym zu sein. Bewegt man sich im Kreis von Freunden, Familie, Kollegen und Nachbarn, dann kann ein Anfall von Einsamkeit meist relativ schnell mit einem Anruf oder einer kurzen Fahrt behoben werden. Nicht einmal Singles, die sich über zu viele einsame Abende beschweren, können sich ausmalen, wie brutal es sich anfühlen kann, sich inmitten eines Landes zu befinden und dort im Umkreis von 5000 Kilometern **keinen einzigen Menschen zu kennen.**

Während meiner ersten kürzeren Urlaube allein hat es ein paar Gelegenheiten gegeben, in denen sich die Drama Queen in mir darüber Gedanken gemacht hat, dass ich ja auch tot in der Gosse irgendeiner verlassenen Stadt enden könnte und niemand jemals herausfinden würde, was mit mir geschehen ist. Das waren sehr entscheidende Augenblicke meines frühen Reiselebens. Ich erkannte damals, dass solche Momente des Dramas und der Einsamkeit auch wieder vergehen und ich sie gut überstehen kann. Solange der Anteil an unglücklichen Tagen verschwindend gering bliebe, würde ich gut damit zurechtkommen und folglich auch längere Soloreisen aushalten. Es war sogar so, dass ich meine eigene Gesellschaft die meiste Zeit regelrecht genoss und meine Unabhängigkeit liebte. Manchmal weiß man gar nicht, wie sehr (oder wie wenig) man die eigene Gesellschaft schätzt, bis man auf Reisen geht. Jedoch bin ich davon überzeugt, dass das der alles entscheidende Faktor für erfolgreiche Langzeitreisen ist.

Man sollte sich aber auch bewusst sein, dass man allein niemals viel erreichen wird. Wann immer Sie davon hören, dass jemand allein um die Welt gereist ist, dann glauben Sie nicht eine Sekunde, dass es diesem Menschen tatsächlich ohne Unterstützung gelungen wäre. In Wirklichkeit können Reisende ohne die Hilfe anderer kaum ihren Vorgarten verlassen. Das können Reisekameraden oder freundliche Einheimische sein, Zollbeamte, Polizisten und Campingplatzbetreiber. Ihr Vorhaben wird von einer Reihe Menschen mitgetragen werden, deren Namen und Gesichter Sie möglicherweise in den Folgejahren vergessen werden. Doch ihre Gesten werden Sie stets in Erinnerung behalten. Das garantiere ich Ihnen. Die unzähligen Schutzengel, die immer dann auftauchen, wenn sie gerade gebraucht werden, gehören zu den bereicherndsten Aspekten des Langzeitreisens. In den letzten zehn Reisejahren haben mich massenhaft Menschen getröstet, ermutigt und mir aktiv beim Lösen von Problemen geholfen, die sich mir unterwegs in den Weg gestellt haben. Ohne ihre Hilfe wäre ich niemals so weit gekommen.

Daher möchte ich mich bei jedem einzelnen dieser unglaublichen Menschen bedanken. Ihr habt meine Reise und mein Leben unglaublich bereichert. Ihr habt meine Entschlossenheit beflügelt, niemals aufzugeben und weiter meinen Traum zu leben.

Danke dafür, dass Ihr mir dabei geholfen habt, unsere unglaubliche Welt zu erforschen und zu entdecken – in all ihrer unbeschreiblichen Herrlichkeit.

Wie Sie sehen, habe ich den Stab weitergegeben.

Laura

FRAGEN AN DIE AUTORIN

Was war die schlimmste Erfahrung, die Sie auf Ihren Reisen jemals gemacht haben?

Oh, das war auf meiner ersten Auslandsreise im Jahre 1999. Ich bin damals nach Kenia gefahren, um eine sechswöchige Overland-Safari zu machen, und hatte mir vorgenommen, auf dem Weg dorthin einige Tage in Kairo zu verbringen. Die Geschichte ist eigentlich viel länger, doch lässt sie sich in etwa so zusammenfassen: Ich habe mich mit einem Typen angefreundet, der in meinem Hotel arbeitete und den ich zunächst als liebenswerten Einheimischen kennengelernt hatte. Nach zwei Tagen begann er, mich dermaßen zu belästigen, dass ich den Hotelmanager darüber informiert habe, der ihn sofort rausgeworfen hat. Als ich dann zum Flughafen fuhr, um nach Nairobi zu fliegen, wartete er dort bereits auf mich. Er war stockbesoffen, hielt eine abgebrochene Bierflasche in der Hand und versuchte sofort, mich anzugreifen, als er mich sah. Ich sage absichtlich »versuchte«, denn er konnte kaum noch stehen. Es war drei Uhr morgens und der Flughafen beinahe menschenleer, sodass es eine Weile dauerte, etwa zehn Minuten, bis überhaupt jemand bemerkte, dass ich Hilfe brauchte. Es gelang einigen Mitreisenden, den Mann zu überwältigen und zur Polizeiwache zu bringen. Mir hat das Ganze damals einen Riesenschrecken eingejagt. Doch in der Rückschau war es eine der wichtigsten und lehrreichsten Erfahrungen, die ich jemals auf meinen Reisen gemacht habe.

**Wie das? Die meisten hätten an Ihrer Stelle das Allein-
reisen danach vermutlich aufgegeben ...**

Ich habe mir nach der Keniareise Folgendes gesagt: »O. k.,
ich habe **eine** schlechte Erfahrung gemacht, war ansonsten
aber 35 Tage lang unbeschwert unterwegs und fand die Reise
insgesamt nur wundervoll. Ich **liebe** es, allein unterwegs zu
sein, und möchte unbedingt mehr davon erleben. Da kann
mich doch ein einziger schlechter Tag nicht davon abhalten,
meinen Traum zu leben!« Ich dachte mir, wenn das so wei-
tergeht und auf 35 schöne Tage nur ein mieser kommt, dann
stehen die Chancen, dass mein Leben als Vagabundin fantastisch wird, sehr gut. Darüber hinaus hatte ich nun gelernt,
dass nicht jeder, den ich da draußen auf der Straße treffen
würde, mir wohlgesonnen sein würde. Es ist deswegen von
entscheidender Bedeutung, seine Instinkte zu schulen, um
wohlwollende von potenziell gefährlichen Menschen unterscheiden zu können. Das ist eine Kunst, die es zu verfeinern
gilt.

**Glauben Sie, dass Sie es in dieser Kunst inzwischen zur
Perfektion gebracht haben?**

Im Großen und Ganzen ja. Ich glaube, dass ich Unruhe-
stifter und Quertreiber auf einen Kilometer Entfernung erkennen kann. Die Tatsache, dass ich in den vergangenen
fünf, sechs Jahren keine ernsthaften Probleme mit solchen
Leuten gehabt habe, spricht da wohl Bände. Möglicherweise
liegt das aber auch daran, dass ich heute mit Chris unterwegs
bin, der 1,94 Meter groß ist. Hm, wenn ich länger darüber
nachdenke, dann ist das wahrscheinlich eher der Grund.

Also überwiegen die schönen, glücklichen Tage nach wie vor in Ihrem Leben?

Absolut! Ich bin mir zwar nicht sicher, ob man Glück mathematisch genau quantifizieren kann, doch da ich nun einmal ein pragmatischer Mensch bin, würde ich sagen, dass in meiner Welt alles in Ordnung ist, solange ich auf Reisen die meiste Zeit glücklich bin.

Sie haben anfangs gesagt, dass Sie nach Kenia gefahren sind, um sich dort als Touristin auf eine Overland-Safari zu begeben. Wie ging es dann weiter, bis Sie schließlich selbst Reiseleiterin wurden?

Das geschah während meiner zweiten Overland-Tour, die mich 2004 drei Wochen lang durch Peru und Bolivien geführt hat. Während des Trips verletzte sich unser Reiseführer und musste abbrechen. Ich hatte sofort das Bedürfnis, dem Fahrer zu helfen und ihn bei den logistischen Herausforderungen der restlichen Reise zu unterstützen. Und das tat ich dann auch. Am letzten Tag bot man mir dann einen Reiseführerjob an, und der Rest ist Geschichte. Die Arbeit als Reiseleiterin ist für mich wie maßgeschneidert: Ich habe eine laute Stimme, bin ziemlich gut organisiert und hatte zu der Zeit genügend Energie und Geduld, mit den Herausforderungen klarzukommen, die ein kaum zu bändigender Haufen Touristen auf Reisen durch fremde Länder mit sich bringt.

Das klingt nach jeder Menge Arbeit …

Genauso ist es auch. Aber ich habe auch sehr wertvolle Erfahrungen gemacht. Ich denke, dass ich den größten Teil meines Wissens über diese Art des Reisens während dieser

Zeit erworben habe. Wenn du mit 24 anderen Menschen unterwegs bist und aufmerksam beobachtest, dann kannst du nahezu 24 verschiedene Reisen erleben. Es sind die persönlichen Einstellungen und Charaktereigenschaften, die den Grad der Freude am Erlebten bestimmen. Es war verblüffend, die Leute dabei zu beobachten, wie unterschiedlich sie dieselben Dinge erleben und auf sie reagieren. Der Job hat mich außerdem gelehrt, binnen 20 Minuten aus zweieinhalb Zutaten Drei-Gänge-Menüs für 20 oder mehr Menschen zu zaubern. Das ist immer hilfreich …

Die Gretchenfrage: allein oder in Begleitung reisen?

Grundsätzlich lieber allein als in schlechter Gesellschaft! Gute Gesellschaft ist allerdings das größte Geschenk von allen! Es liegt natürlich daran, dass das Leben im Allgemeinen dann am schönsten ist, wenn man es mit Menschen teilen kann, die man liebt.

Sie sind seit 2004 ununterbrochen auf Reisen. Da stellt sich automatisch die Frage: Was haben Sie für die Zukunft geplant?

Nun, damit verhält es sich so wie mit allem in meinem Leben: Wer um Himmels willen kann das wissen? Ich bin auf Reisen gegangen, weil ich keine Lust mehr auf Alltagsroutine hatte und nichts mehr fest planen und damit vorhersagbar machen wollte. Daran hat sich bis heute nichts geändert, und ich glaube auch nicht, dass das in Zukunft der Fall sein wird. Ich genieße das Reisen heute immer noch so wie während der letzten zehn Jahre. Das Schöne an der Unvorhersehbarkeit ist ja, dass es für nichts eine Garantie gibt. Ich könnte morgen aufwachen und das brennende Verlangen danach verspüren, meine Reise zu beenden. Sollte das geschehen, dann werde ich gründlich darüber nachdenken und dann entsprechend handeln. Das ist eigentlich alles ganz einfach.

Können Sie sich vorstellen, jemals sesshaft zu werden?

Natürlich … ich bin das ja jetzt schon! Das hier **ist** meine Art des beständigen und sesshaften Lebens! Diese weicht eben nur etwas von der Vorstellung vieler anderer Menschen ab. Oder meinen Sie vielleicht, ob ich jemals in einem bestimmten Land bleiben werde? Klar, warum nicht? Ich kann mir durchaus vorstellen, dass das eines Tages geschehen wird. Wann und wo das sein oder wie mein Leben dann aussehen wird, wird sich zeigen. Ich habe keine Ahnung, und das ist auch das Beste daran. Die Vorstellung, sich nach Jahrzehnten des Reisens niederzulassen und ein wunderbares Leben zu führen, erfüllt mich allerdings jetzt schon mit Vorfreude. Ich könnte endlich mein eigenes kleines Häuschen haben, einen Kräuter- und Gemüsegarten, ein paar Hunde zur Gesellschaft und natürlich die Liebe meines Lebens an meiner Seite.

Und was ist mit dem Reisen? Glauben Sie, Sie werden das jemals ganz aufgeben?

Also das ist nun **das** unwahrscheinlichste Szenario von allen. Chris und ich könnten vielleicht irgendwann beschließen, das Kapitel unserer zeitlich unbegrenzten Reise zu beenden, doch so lange unsere Neugier und unser Verlangen nach der großen, weiten Welt noch brennen, können Sie sicher sein, dass wir im Herzen für immer Nomaden bleiben werden …

LAURA PATTARA
ÜBER SICH SELBST

Ich wurde 1973 in einem kleinen italienischen Küstenort geboren und bin 1986 mit meiner Familie nach Australien ausgewandert. Nach einem zwar trivialen, aber dennoch erschütternden Aha-Erlebnis habe ich 2004 alles hinter mir gelassen, was vertraut und sicher war, und habe mich auf eine fünfjährige Reise als Reiseleiterin begeben. Diese führte mich zunächst kreuz und quer durch Südamerika, bis ich mich in die dunklen Tiefen Afrikas gewagt habe, aus denen ich gebräunt, glücklich und total verliebt wieder aufgetaucht bin. Meine Liebe galt und gilt einem exzentrischen Deutschen, der zu dieser Zeit gerade seit sechs Jahren mit einem etwas schäbigen Land Rover unterwegs war. Ich warf alle Vorsicht über Bord und tat mich mit Chris zusammen. Wir gingen zunächst auf eine zwei Jahre während Reise durch Afrika und den Nahen Osten, die mich vollends davon überzeugte, dass dieses Leben genau das richtige für mich ist. Anschließend arbeiteten wir eine Weile und starteten dann 2012 mit zwei Motorrädern von Europa aus Richtung Australien.

Natürlich zieht nicht jeder mit einem Rucksack auf dem Rücken und Abenteuergeist im Gepäck durch die Welt mit der Absicht, zehn Jahre lang überall und nirgends zu Hause zu sein. Manchmal passiert so etwas einfach. Besonders denjenigen, die, ebenso wie ich, Reisen als ihre größte Leidenschaft empfinden und die Welt am liebsten täglich Stück für Stück ein bisschen mehr entdecken wollen.

Langzeitreisen ist nicht nur abenteuerlich, ein Ausbruch aus dem Alltag oder eine Abkehr von der Routine. Es ist ein intensiver, komplett anderer Lebensentwurf. Die Unvorhersehbarkeit eines jeden Tages, das Geschenk der persönlichen Freiheit – das sind die wichtigsten Aspekte dieser Lebensweise. Und die Dinge, die ich am meisten schätze.

Es gibt unzählige Wege, den Traum vom Reisen Realität werden zu lassen. Ich habe viele von ihnen versucht und halte mich derzeit finanziell über Wasser, indem ich neben meiner Motorradreise als Online-Reiseautorin arbeite.

Reiseträume sind so individuell wie die Wege, sie Wirklichkeit werden zu lassen.

Eines habe ich in all den Jahren gelernt: Auch wenn ein Traum noch so unrealistisch zu sein scheint – es gibt IMMER einen Weg, ihn am Ende doch umzusetzen.

Wir mehr wissen möchte: www.laurastraveltales.com

EIGENE NOTIZEN

Bibliografische Information der Deutschen Nationalbibliothek
Die Deutsche Nationalbibliothek verzeichnet diese Publikation
in der Deutschen Nationalbibliografie; detaillierte bibliografische
Daten sind im Internet über »http://dnb.dnb.de« abrufbar.

1. Auflage
ISBN 978-3-7688-3888-7
© Delius Klasing & Co. KG, Bielefeld

Aus dem Englischen von Tatjana Pokorny
Lektorat: Birgit Radebold/Sigrun Künkele
Einbandgestaltung: Felix Kempf, www.fx68.de
Layout: Axel Gerber
Druck: Kösel GmbH & Co. KG, Altusried-Krugzell
Printed in Germany 2014

Delius Klasing Verlag, Siekerwall 21, D-33602 Bielefeld
Tel.: 0521/559-0, Fax: 0521/559-115
E-Mail: info@delius-klasing.de
www.delius-klasing.de

Christopher Many
Hinter dem Horizont links
Acht Jahre mit dem Land Rover
um die Welt
ISBN 978-3-7688-3348-6

Dieses Buch ist auch als eBook erhältlich:

ISBN 978-3-7688-8140-1 (PDF)
ISBN 978-3-7688-8333-7 (EPUB)

Erhältlich im Buch- und Fachhandel oder unter www.delius-klasing.de/shop

DELIUS KLASING